U0744846

本书出版得到以下项目资助

教育部人文社会科学研究项目（15YJC630161）

华南师范大学哲学社会科学优秀学术著作出版基金

旅游开发与管理前沿研究论丛

旅游博客情绪展示
对旅游意向的影响

基于情绪感染理论的实证研究

易婷婷　著

暨南大学出版社
JINAN UNIVERSITY PRESS

中国·广州

图书在版编目（CIP）数据

旅游博客情绪展示对旅游意向的影响：基于情绪感染理论的实证研究／易婷婷著．—广州：暨南大学出版社，2017.6
（旅游开发与管理前沿研究论丛）
ISBN 978 - 7 - 5668 - 2106 - 5

Ⅰ.①旅…　Ⅱ.①易…　Ⅲ.①旅游—博客—情绪—展示—影响—游客—研究　Ⅳ.①F592

中国版本图书馆 CIP 数据核字（2017）第 094835 号

旅游博客情绪展示对旅游意向的影响：基于情绪感染理论的实证研究
LUYOU BOKE QINGXU ZHANSHI DUI LUYOU YIXIANG DE YINGXIANG：
JIYU QINGXU GANRAN LILUN DE SHIZHENG YANJIU
著者：易婷婷
···

出 版 人：徐义雄
策划编辑：潘雅琴
责任编辑：潘雅琴　吴瑜玲
责任校对：高　婷
责任印制：汤慧君　周一丹

出版发行：暨南大学出版社（510630）
电　　话：总编室（8620）85221601
　　　　　营销部（8620）85225284　85228291　85228292（邮购）
传　　真：（8620）85221583（办公室）　85223774（营销部）
网　　址：http://www.jnupress.com　http://press.jnu.edu.cn
排　　版：广州良弓广告有限公司
印　　刷：广州市穗彩印务有限公司
开　　本：787mm×960mm　1/16
印　　张：10.75
字　　数：180 千
版　　次：2017 年 6 月第 1 版
印　　次：2017 年 6 月第 1 次
定　　价：32.00 元

（暨大版图书如有印装质量问题，请与出版社总编室联系调换）

序

近年来，随着信息技术的迅猛发展和人们消费观念的不断更新，旅游行业发生了前所未有的变化。作为旅游活动的主体，旅游者的信息来源渠道更加多元、出游方式更加多样、旅游体验更加丰富，这些都为旅游从业者和研究者带来了新的机遇和挑战。

本书基于旅游者的角度研究信息时代网络口碑对旅游意向的影响。博客作为网络口碑传播的重要载体，在信息传播过程中，不可避免地伴随着情绪扩散。这种情绪可以感染博客浏览者，进而对其旅游意向产生影响。目前，有关这方面的研究并不多。

本书以口碑传播理论和情绪感染理论为基础，探讨旅游博客情绪展示对浏览者旅游意向的影响，并重点检验情绪感染力和情绪易感性在情绪感染过程中的调节作用，以及浏览者情绪的中介作用。

该研究通过专家访谈、内容分析和问卷调查等方法进行数据搜集，采用实验法作为检验手段，并利用数理统计方法进行假设检验，思路清晰，结论可靠。其主要贡献体现在以下几个方面：首先，从研究视角来看，突破了"理性人假设"的局限，研究情绪因素对旅游者行为意向的影响，并在国内该领域首次将情绪感染理论应用到虚拟环境和"顾客—顾客"（博主—博客浏览者）的场景，拓展了情绪感染理论的应用范围和应用情境。其次，从研究内容来看，以旅游博客为对象，探讨情绪展示在旅游博客中的普遍性，通过分析旅游博客情绪展示对旅游意向的影响，重点探索旅游者的游前态度和行为，为旅游博客研究提供了新的视角和方向。最后，从管理实践来看，基于增强情绪感染力和针对易感人群的角度，从自建旅游博客平台和利用个人旅游博客两个方面构建了旅游博客情绪展示管理体系，为信息时代如何开展旅游营销活动提供了思路。

本书作者易婷婷是我的博士生。她从中山大学管理学院硕士毕业后，考入暨南大学管理学院攻读博士学位。读博期间，她勤于思考，治学严谨，并取得了丰硕的成果，在 SSCI 和 CSSCI 等期刊上发表学术论文多篇，出版专业教材两部，并获得"暨南大学优秀博士生"荣誉称号和"国家优秀博士生"一等奖学金。博士毕业后，婷婷进入华南师范大学旅游管理学院从事教学工作。她在教学的同时，仍然坚持学术研究，发表论文数篇，并主持了教育部人文社科课题、广东省社科课题、广州市社科课题等多个科研项目。作为婷婷的导师，我非常欣喜地看到她从一名跟随老师探索新知的学生，成长为能够独当一面从事学术工作的研究者。此书的出版正印证了她的成长。我相信，这本书的成果将成为该领域相关研究的重要组成部分，予旅游企业管理者以启发和思考。

2017 年 6 月 26 日

目 录

绪　论

1.1　研究背景与研究意义

1.1.1　研究背景

随着信息技术的发展与网络使用的普及，互联网成为人们搜集信息的重要渠道。根据中国互联网络信息中心（China Internet Network Information Center，CNNIC）发布的第 38 次《中国互联网络发展状况统计报告》，截至 2016 年 6 月底，我国网民规模达 7.10 亿，互联网普及率为 51.7%，且两者均呈逐年递增的趋势。这不仅是科技进步的必然结果，也是人们对便捷化和多元化信息需求的反映。从网民使用互联网的动机来看，其目的主要是信息搜索、娱乐消遣和人际沟通等；从网络信息的载体形式来看，主要有公共网站、私人网页、博客平台和聊天工具等；其中，博客平台是深受网民欢迎的网络信息载体，根据《中国互联网络发展状况统计报告》，目前我国博客和个人空间网民数量已超过 4 亿，较 2012 年增长了 6 359 万；网民中博客和个人空间的使用率超过七成。

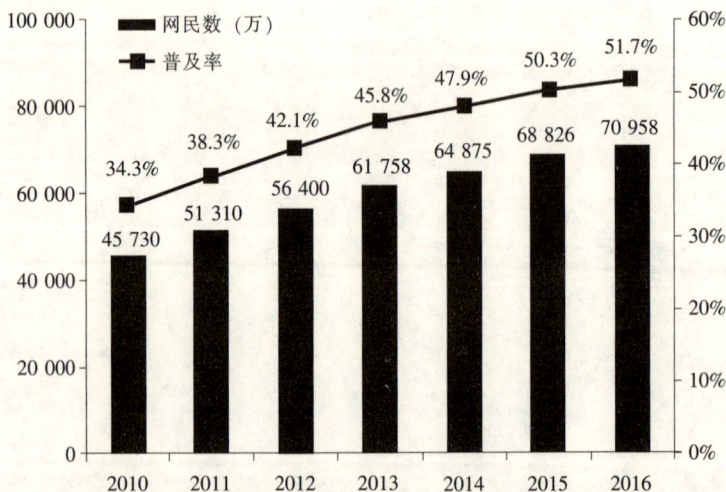

图 1-1　2010—2016 年我国网民规模和网络普及率

数据来源：中国互联网络信息中心发布的《中国互联网络发展状况统计报告》

在众多博客中，兼具信息搜索、娱乐消遣和人际沟通三项功能的旅游博客是最受网民欢迎的博客类型之一。其原因主要有以下两点：从宏观方面来看，近年来我国旅游业发展迅速，根据国家旅游局发布的《中国旅游业统计公报》，2016 年我国国内旅游人次达 44.40 亿，同比增长 11%；旅游收入为 3.94 万亿元人民币，同比增长约 15%。这为旅游博客的发展提供了背景条件。从微观方面来看，由于旅游产品自身的无形性、生产与消费同时性等特点，旅游者很难像购买有形商品一样在购买（体验）之前对其形状、特征、质量等做出较明确的判断。因此，为减少购买风险，在网络上搜寻旅游产品和服务的相关介绍和评价等信息成为很多旅游者决策前的重要步骤。

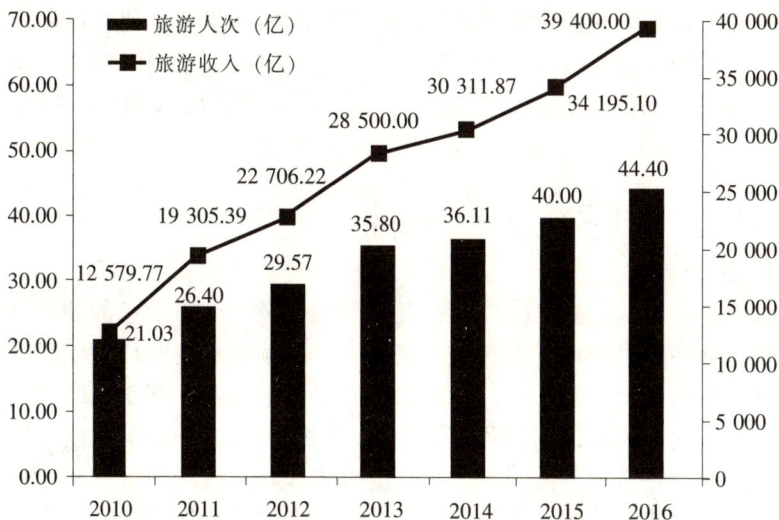

图 1-2　2010—2016 年中国国内旅游发展规模

数据来源：国家旅游局发布的 2010—2016 年《中国旅游业统计公报》

在这种背景下，一方面，为了顺应时代发展、获得持续竞争优势，多数大型旅游企业开发了专业网站，为旅游者提供景点介绍、线路设计、酒店预订、机票预订、汽车租赁等服务。这些网站通过文字、音乐、图片展示及人机互动、与客服互动等形式为旅游者信息搜寻和旅游方案设计提供一系列相关服务，使他们能在较短时间内对同类产品和服务的价格、特点等进行比较和筛选。但是，由于企业网站的信息往往具有很强的商业宣传目的，其描述往往出现夸大其词甚至名不符实的情况，这难免让旅游者对企业网站提供的信息产生怀疑。

另一方面，随着现代人自我表现和信息共享需求的增强，虚拟世界的博客表达成为人们沟通交流的重要方式。其中，旅游博客由于具有趣味性强、信息量大和实用性强等特点而成为最受欢迎的博客类型之一。它是旅游者发布在私人博客或公众博客上记录关于旅游景点、旅行线路、美食佳肴、地方特产等信息的文章。相较于企业网站，这类博客商业宣传目的不强，表达方式自由随意，写作风格生动活泼，且往往真实地表达了博主喜、怒、哀、乐等个人情感，所以比较容易引起阅读者的兴趣、获得阅读者的信任。目前，旅游博客已成为旅游者搜寻相关资讯的重要渠道，旅游博客中的信息已成为旅游者作出出游决策的重要依据。

因此，在互联网普及和大众旅游兴起的时代背景下，研究旅游博客对旅游者态度和行为的影响显得尤为必要。它不但有利于明晰网络环境下旅游者行为意向和决策过程，而且能为旅游企业的网络营销活动提供借鉴思路。

1.1.2　研究意义

1. 现实意义

首先，随着信息技术的发展和互联网的普及，网络信息的便捷性、丰富性和多样性吸引了越来越多的人使用它、依赖它。网络信息已渗透到人们日常生活的各个方面，对人们的工作方式、生活习惯甚至思维模式产生了革命性影响。因此，探讨网络信息对人们行为决策的影响程度和影响路径尤为必要。它有利于人们更清晰地认识和理解自己所在世界和所处时代的特征以及该特征载体（网络信息）对微观个体的作用，从而使人们能更好地掌握和利用网络信息，而不是被它蒙蔽和奴役。

其次，随着经济增长和收入水平提高，人们开始追求有品质的生活方式。工作不再是生活的全部，休闲活动成为生活必不可少的部分，而旅游是休闲活动的重要形式。根据世界旅游组织和联合国统计委员会推荐的定义，旅游是指人们"为了休闲、商务或其他目的离开常居地，到达并停留在其他地方，但连续不超过一年的活动"。该定义的核心要素之一是"离开常居地"。而人们对"非常居地"的出游意向往往受到目的地形象和口碑的影响。因此，研究旅游者行为意向的影响因素有助于更深刻地剖析旅游者决策行为模式，为旅游目的地形象塑造和营销推广提供启发性思路和建议。

最后，从个体特征来看，人是同时具有理性认知和感性情绪的动物。一方面，人们在进行决策时不仅受到理性思维的影响，还受到情绪因素的影响；另一方面，人的情绪具有感染性，其强弱程度因主体影响力和客体易感性等因素的差异而有所不同。因此，研究情绪因素对行为意向的影响及情绪感染在其中发挥的作用，有利于明确情绪在旅游者行为意向形成过程中所扮演的角色，有助于探寻如何激发、引导和利用正面情绪的方法，从而为企业利用网络平台（博客）中的情绪因素进行个性化营销提供有效途径。

2. 理论意义

首先，基于传播理论的大量研究，口碑传播是人们最信任的信息传播方式。它是指顾客出于非商业目的，将自己的购买经历和对企业（或产品）的评价等信息向他人传播。由于口碑传播的真实性和非商业性，它对消费者购买产品（尤其是体验型产品）的行为意向产生重要影响。在网络时代背景下，互联网为口碑传播提供了广阔的平台和多样化的途径，人们可以更快捷、更广泛地进行口碑传播。其中，博客成为网络口碑传播的重要载体。它除了具有传统口碑传播的特征外，还呈现出广泛性、匿名性、即时性、多样性等特征。因此，研究网络环境下的口碑传播对旅游者行为意向的影响有助于检验口碑传播理论在新时代背景下的适用性。

其次，基于情绪感染理论分析，顾客在购买（服务）场所的面对面交往过程中，其情绪会受到其他人表情、动作和语言等因素的感染；而情绪又对其决策行为产生影响。目前，随着电子商务的发展，顾客之间的交互活动延伸到了网络环境，与传统的交互形式不同，他们往往通过文字和图片等进行沟通。文字和图片成为信息传递和情绪表达的载体。在这种情境下，情绪感染理论是否同样适用？本书在国内首次将情绪感染理论应用到网络环境，探讨其对行为意向的影响，拓展情绪感染理论的应用领域，并作出一定创新。

最后，基于消费者行为理论分析，信息搜集是决策行为的重要环节。旅游产品属于典型的体验型产品，旅游者决策前的信息搜集尤为重要，而网络博客能为旅游者提供真实、详细、生动、实用的资讯，它已成为旅游者搜集信息的重要渠道。以往对旅游博客的研究主要是基于博主的视角，探讨旅游者的游后态度和行为，如研究旅游者行程结束后发布博客的动机及其在博客中反映出的目的地形象感知等。本书将旅游博客作为前置因素，探讨其对旅游行为意向的影响，弥补了国内"旅游博客对旅游者游前态度和行为意象的影响"这方面研究的不足。

1.2　研究目的与研究内容

1.2.1　研究目的

本书的研究目的在于揭示以下几个问题：

（1）在传统的情绪对购买行为意向影响的研究中，正面情绪往往会提高购买意向，负面情绪会降低购买意向；那么在虚拟社区环境中博客展示的正面、负面情绪是否也对行为意向有类似影响呢？如果不是，实际情况是怎样的？为什么会出现这种差异？

（2）前人从消费者行为学、社会心理学等角度研究了各种因素对旅游行为意向的影响和作用。在网络时代背景下，旅游博客是如何影响旅游者行为意向的？传统的行为意向理论能否解释这一过程？如果不能，如何对现有理论进行补充和完善？

（3）以往研究的"情绪感染"是发生在员工和顾客、员工和上司、顾客和顾客之间的面对面交流中。在目前网络普及的背景下，情绪感染理论是否同样适用于虚拟社区的交流行为？如果不能，如何在原有理论基础上进行调整和创新？

1.2.2　研究内容

本书研究的主要对象为旅游博客，包括网民个人开设的博客以及门户网站上的博客平台，其具体表现形式有游记和攻略等。撰写和发布这些信息的人称为博主，接受这些信息的人称为博客浏览者。本书主要研究博主发布的博客对博客浏览者旅游意向的影响以及博客浏览者情绪在这一过程中的中介作用。本书所指的情绪是个体对知觉的反应，它与感觉、情感等其他心理状态的明显区别在于其具有外显性和社会性；本书中的旅游意向是指人们进行旅游活动的行为倾向，即博客浏览者对博客所描述旅游目的地的认可程度和想去该地旅游的意愿。

本书的主要内容有以下几个方面：

（1）通过搜集权威旅游网站和个人信息发布平台的旅游博客，利用内容分析法等，探索旅游博客中情绪展示的表现方式。

（2）利用因子分析和回归分析等数理统计方法，研究正面情绪展示和负面情绪展示对旅游意向的主效应，以及博客浏览者情绪在这一过程中的中介效应。

（3）采用实验法搜集数据，利用多层回归分析数据，研究在"旅游博客情绪展示对旅游意向的影响"过程中，情绪感染力、情绪易感性等因素的调节效应。

（4）结合研究结果和我国旅游博客发展的实际情况，探讨利用旅游博客情绪展示进行旅游地形象提升、旅游品牌维护和营销推广的对策及实现途径。

1.3　研究方法与创新之处

1.3.1　研究方法

（1）文献研究法。通过检索国内外权威数据库，查阅和搜集国内外有关情绪感染、网络口碑、旅游博客和旅游行为意向等方面的研究文献共计200余篇。通过阅读和梳理这些文献，了解目前国内外研究现状和前沿动态，学习和借鉴国内外学者的最新理论和先进方法。同时，在对相关文献进行比较、归纳和总结的基础上进行创新，形成本书的整体构思、研究假设和理论模型，并提出相关的研究变量以及测量这些变量的具体指标。

（2）内容分析法。利用该方法可以将旅游博客中的文字材料转化为数据，并依据这些数据对博客内容做出定量分析和基于事实的判断与推论。本书采用内容分析法，搜集权威网站的博客，探索旅游博客中情绪展示的主要方式。

（3）实验法。这是本书采用的主要实证研究方法，它是指研究者有意改变或设计某种情境以了解研究对象的外显行为，常常用于分析变量之间的因果关系。本书采用实验法，通过不同的博文描述来控制不同变量，分析情绪感染力和情绪易感性在"旅游博客情绪展示对博客浏览者情绪的影响"过程中的调节作用。

（4）统计分析法。在实验法的基础上，利用 SPSS 软件对数据进行多层回归分析，检验情绪感染力和情绪易感性的调节效应以及博客浏览者情绪的中介效应。

研究内容、研究方法一览表

研究内容	数据收集方法	数据处理方法
研究 1　旅游博客情绪展示的方式	网络研究	内容分析
研究 2　旅游博客情绪展示对旅游意向的主效应	实验法、问卷法	回归分析
研究 3　情绪感染力的调节效应	实验法、问卷法	多层回归分析
研究 4　情绪易感性的调节效应	实验法、问卷法	多层回归分析
研究 5　博客浏览者情绪的中介效应	实验法、问卷法	多层回归分析

1.3.2　创新之处

本书在广泛吸收国内外情绪感染理论和口碑传播理论成果的基础上，有一定的创新，主要表现在以下几点：

（1）研究视角。首先，以往关于旅游行为意向的研究虽然较多，但多从现实环境的角度出发，较少从虚拟世界的视角出发并将网络博客作为影响旅游行为意向的重要因素进行研究；其次，以往研究多遵循西方经济学中的"理性人假设"，将旅游者视为"经济理性人"进行分析。本书突破"理性人假设"，并将研究范围拓展到网络环境，分析旅游者行为意向如何受到旅游博客情绪展示的影响。

（2）研究对象。以往关于网络旅游口碑的研究多以专门对酒店、景点进行简单评论和评分的网站为对象。本书以拥有较详细文字描述和照片展示的旅游博客为研究对象，对网络旅游口碑进行深入研究。

（3）研究内容。首先，虽然近年国内涌现了一些关于旅游博客的研究，但绝大多数是通过对旅游博客的内容进行分析，提炼出旅游者（博主）对目的地的形象感知，研究旅游者的游后态度和行为。本书通过分析"旅游博客情绪展示对旅游意向的影响"，研究旅游者的游前态度和行为。其次，以往关于情绪感染的研究多是在面对面的情境下开展，本书在国内首次将情绪感染理论应用到网络（文字）环境，将情绪展示对旅游意向的影响及其调节变量的效应作为研究重点。

1.4 研究路线

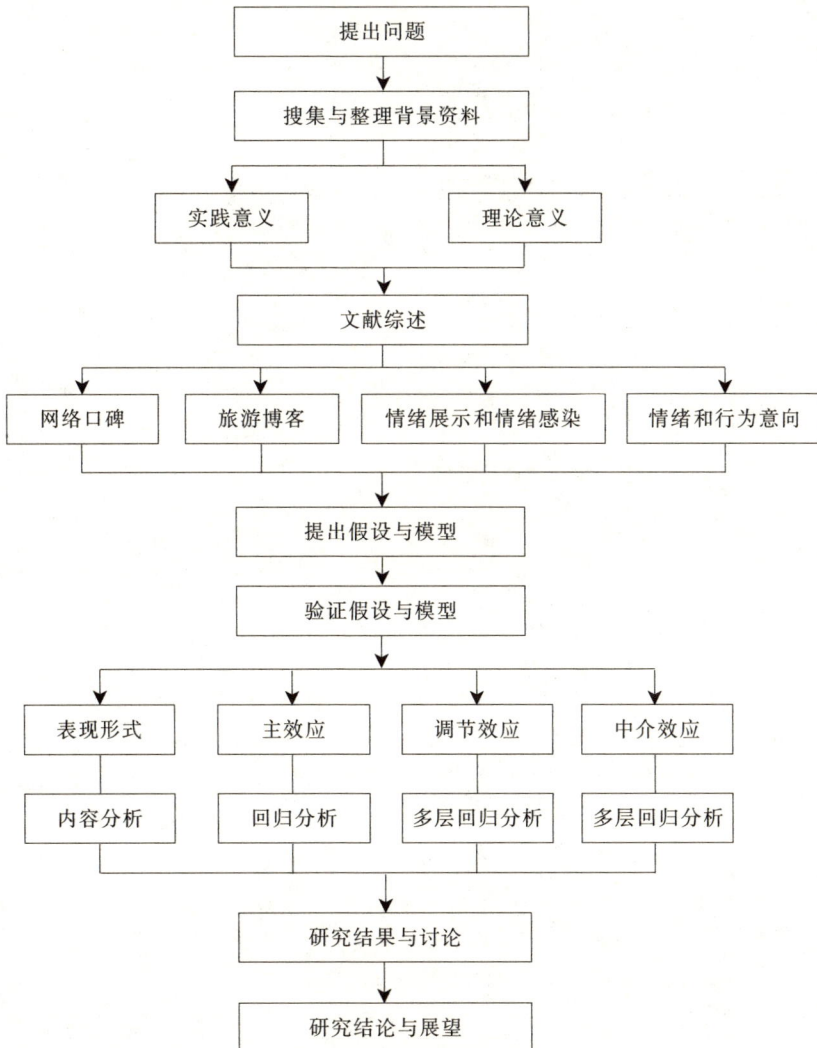

图 1-3 研究路线

提出问题

搜集与整理背景资料

实践意义 | 理论意义

文献综述

网络口碑 | 旅游博客 | 情绪展示和情绪感染 | 情绪和行为意向

提出假设与模型

验证假设与模型

表现形式 | 主效应 | 调节效应 | 中介效应

内容分析 | 回归分析 | 多层回归分析 | 多层回归分析

研究结果与讨论

研究结论与展望

文献综述

2.1　口碑传播

本章对口碑传播、旅游博客、情绪展示和情绪感染等主要概念的相关研究进行详细梳理和系统归纳，并对国内外研究进行评述，以期为接下来的研究打好理论基础，找到值得借鉴之处，并发现可能的研究机会和创新点。

2.1.1　旅游口碑

许多学者对旅游口碑的定义、构成、影响因素、作用功能等进行了研究，其相关研究主要涉及旅游目的地、酒店和餐馆几个方面。

1. 旅游目的地口碑

随着近年来旅游业的迅速发展，旅游目的地口碑成为学者们关注的热点问题之一。Phillips 等（2013）以美国北达科他州的乡村旅游为例，探讨了旅游目的地口碑和旅游者重游意愿之间的关系。研究发现，目的地形象直接影响旅游者的感知价值和重游意愿，间接影响其满意感和推荐意愿。Murphy 等（2007）以 421 名澳大利亚昆士兰游客为样本，比较亲友口碑和其他游客口碑对旅游选择、目的地行为的影响。研究表明，来源不同的口碑对旅游者在住宿和交通选择及旅游目的地行为方面有显著影响。Simpson 等（2008）针对 5 个细分市场，探讨了旅游目的地环境对其口碑的影响。研究发现，旅游目的地环境对其口碑有显著影响，且不同类型的旅游者对环境的满意程度也不相同。

2. 酒店口碑

作为旅游业三大支柱之一的酒店一直是旅游学者的研究重点。Berezina 等（2012）采用实验法，以 574 名美国酒店顾客为样本，探讨信息安全对顾客感知服务质量、满意感、重访意向和口碑传播的影响，结果发现，信息安全对这 4 个变量均有显著影响。Sun 等（2011）以 277 名居住在中型酒店的旅游者为样本，探讨"服务质量对口碑传播的影响"是否存在性别差异，研究发现，这一过程并没有显著的性别差异。Kim 等（2009）以遭遇了服务失败（service failure）的五星级酒店顾客为样本，探讨结果公平、过程公平和交往公平对服务补救满意感、信任感、口碑和重访意愿的影响，结果表明，公平性对信任感、口碑和重访意愿有显著影响，满意感在其中起到中介作用。

3. 餐馆口碑

餐饮是旅游体验活动中的重要环节，而餐馆的好坏直接影响旅游者的整体感知。因此，餐馆口碑也吸引了不少学者的研究兴趣。Han 等（2012）利用结构方程模型对数据进行分析发现，服务绩效、满意感、信任、承诺是餐馆顾客产生口碑传播意愿的要素，转换成本（switching costs）在其中起到调节作用，且高转换成本会降低顾客口碑传播的意愿。Moliner（2012）研究负面口碑和不满程度、以往经历等变量的关系，并探讨了两种不同负面口碑传播者——MVC（the most voice consumers）和 LVC（the least voice consumers）的异同。Longart（2010）通过对伦敦一家餐馆的顾客进行调研发现，顾客对食物和饮料的满意感对正面口碑有显著影响；在点菜前为顾客制造惊喜能激发其正面口碑。

可见，目前对旅游口碑的研究主要有以下特点：首先，从研究角度来看，多从旅游目的地、酒店和餐馆等方面来探讨旅游口碑。其次，从研究内容来看，主要是应用营销学、传播学等理论，分析造成正面和负面旅游口碑的各种影响因素（如旅游经历、信息安全、服务质量、感知公平、服务绩效、顾客满意）以及旅游口碑对各个变量（如旅游态度、旅游意愿、在线预订、旅游选择、目的地行为）的作用，并探讨在这两种过程中调节变量和中介变量的功能，进而提出旅游营销的建议。最后，从研究方法上看，以问卷调查法和实验法进行实证研究、结合定性和定量方法构建并验证概念模型的研究居多。

2.1.2　网络口碑

国外学者对网络口碑的研究始于 21 世纪初，其研究起步较早、程度较深。国内对网络口碑的研究，直到 2007 年才开始引起学者们的重视[①]。通过对相关文献的梳理和归纳，发现目前关于网络口碑的研究主要集中在以下几个方面：

---

① 以"网络口碑"为主题对 CNKI 进行检索发现：2007 年之前的文献共 4 篇，2007 年 7 篇，从 2008 年至今，文献数量逐年递增。

1. 网络口碑的产生动机和影响因素

一些学者研究了网络口碑的产生动机和影响因素（如服务质量、服务修复、信任感等对网络口碑的直接和间接影响）。Cheung 等（2012）基于社会心理学理论，以香港食肆评价网站"开饭喇！"上的 203 名顾客为样本，探讨网络口碑行为的动机。研究表明，人们进行网络口碑传播的主要动机有追求名声和归属感以及助人为乐等。Chu 等（2011）通过对社交网站的研究，探讨与口碑相关的社交要素如何通过网络进行传递。研究发现，用户的关系强度、信任等因素与其口碑行为正相关。Hsu（2009）以台北 400 位网络竞拍者为样本，研究顾客在竞拍网的重购意向、忠诚感和正面口碑等之间的关系。研究表明，顾客满意与顾客忠诚、重购意向和正面口碑有直接关系。Graham 等（2007）通过对 35 个品牌进行为期 26 周的调研，探讨了广告、口碑和网页搜索等之间的关系，并建议企业整合线上和线下的顾客接触点（consumer contact points）提高品牌支持率。国内学者也进行了相关研究，如郜利静（2011）基于说服理论，以 B2C 商城用户讨论区为例，对网络口碑进行了探讨。研究认为，信息来源对消费者认知和态度有影响；网络口碑的传播效应与性别、学历有关。许玉（2011）采用内容分析法，以 16 家 A 股上市商业银行为例，对网络口碑进行了研究。结果表明，微博用户倾向于表达负面情绪，并形成负面口碑；不同公司的正面口碑占微博口碑的比例存在显著差距；公司正面口碑与官方微博的发文数量相关。

2. 网络口碑对顾客和企业的影响

网络口碑对顾客认知、态度、意向、行为以及产品销售情况有直接或间接的影响。Gu 等（2012）利用亚马逊网站上 148 台数码相机销量的面板数据和相关口碑资料（内部口碑）以及 Cnet、DpReview 和 Opinions 这 3 个网站的相关口碑资料（外部口碑），探讨口碑对顾客高参与度（high-involvement）商品销量的影响。研究发现，零售商的内部口碑对销量影响有限，外部口碑对销量有显著影响。Liu 等（2010）采用 SPSS 软件对中国知名网站大众点评网上 146 位用户的相关数据进行分析，探讨网络口碑对顾客行为的影响。研究表明，信息的丰富性、实用性、可靠性对信息采纳（information adoption）有显著正向影响。Lee 等（2009）探讨了网络口碑对顾客产品判断（product judgment）的影响。研究发现，在其他条件同等的情况下，与个人博客上的评论相比，人们更倾向于将第三方网站或品牌网站上的评论推荐给朋友；且只有当评论是正面的时候，网络口碑对顾客的推荐意愿才有影响。Ji 等（2009）通过对顾客进行网络问卷调查发现，网络口碑和"领袖意见"对顾客购买服装的意愿有重要影响，且品牌态度在其间起到中介作用。Lu 等（2009）以大学生为样本，利用结构方程模型和偏最小二乘法，研究了网络评论发布者特征、感知风险、网络口碑等因素对购买决策的影响。Crutzen 等（2009）通过实验法探讨网络口碑的影响，研究发现，与来自机构的邮件相比，来自朋友邮件的口碑对年轻人影响更大。国内学者也进行了相关研究。程秀芳（2011）和付琛（2009）通过实证调查，研究了网络口碑对消费者决策行为的影响。研究发现，口碑发送者的专业性、口碑发送者与接收者之间的关系强度、网站可信度等因素正向影响消费者决策行为，且信任在这一过程中发挥中介作用。杜慧（2010）通过网络调查，探讨了负面网络口碑对购买决策的影响。研究显示，负面信息强度对消费者购买决策有显著影响；发送者专业程度在"负面网络口碑影响购买决策"的过程中起调节作用，信任在其中起中介作用。赖胜强（2010）基于"刺激—有机体—反应"模式对网络口碑的微观效应和宏观效应进行了研究。其认为，口碑对消费者行为的影响力＝口碑数量×传播者专业程度×双方关系强度×（正向口碑权重＋负向口碑权重）。其中，正向口碑的影响权重＞0，负向口碑的影响权重＜0；口碑传播者的情绪影响受众情绪，进而影响其行为。李健（2009）通过实证研究，探讨了网络口碑对消费者信任的影响。研究认为，网上的店铺口碑、店主口碑、商品口碑均与消费者信任水平正相关。

3. 基于网络口碑改善营销效果的模型构建

一些学者研究了如何利用网络口碑改善企业营销效果、提高企业形象和服务质量的方法和策略。Heyes 等（2012）认为顾客受到不公平的待遇会感到生气，并转而选择其他企业。他们构建了一个多方均衡（multiple equilibria）战略模型，达到均衡的状态不止一种，而让生气的顾客在论坛发表意见能有效减少"低质均衡（low - quality equilibria）"的出现，并促使所有企业提高质量。Li 等（2010）以海外网站 Opinions 上的评论员为样本，构建模型来甄别并利用有影响力的评论者，使网络口碑营销的效率更高、成本更低。Lee 等（2009）利用客观—主观对分法构建了一个顾客购买意向的模型，并对 121 名韩国网络购物者进行了实证分析，得出的研究结果为企业根据"顾客对不同口碑的反应"制定不同营销策略提供了参考。Chen 等（2008）通过模型构建探讨商家根据顾客口碑调整营销战略的方法。他们认为商家提供的产品信息和顾客发布的评论信息是相互影响的，当产品成本较低和老练的顾客较多时，这两类信息是互补的，商家的最佳策略是增加产品信息的提供；当产品成本较高和顾客缺乏经验时，这两类信息是相互替代的，此时，商家的最佳策略是减少产品信息的提供。

目前关于网络口碑的相关研究主要呈现以下特点：首先，从研究角度来看，学者们往往将网络口碑分解为若干维度进行剖析，如将其分为内部口碑和外部口碑、正面口碑和负面口碑、口碑数量和口碑质量等；并探讨网络口碑在不同人群中、不同情境下的传播差异，如男性和女性对网络口碑的不同反应等。其次，从研究内容来看，主要集中在网络口碑的产生动机和影响因素（如服务质量、服务修复、信任感等）、网络口碑对顾客和企业的影响（如顾客认知、态度、意向、行为以及产品销售情况等）、基于网络口碑改善营销效果的模型构建三个方面。最后，从研究方法上看，一般以知名网站上的口碑传播为例，采用内容分析等定性方法或数理统计等定量方法。

2.1.3 网络旅游口碑

随着网络技术的普及，一些学者对网络环境中的旅游口碑进行了探讨。通过对国内外文献的梳理，其研究内容可归纳为以下几个方面：

1. 网络旅游口碑的影响因素

学者们发现，质量、价格、环境和服务过程等因素都对网络旅游口碑有重要影响。Jeong 等（2011）分析了哪些因素能激发顾客对餐馆进行正面的网络口碑传播。研究发现，令人满意的食物质量、服务经历和用餐环境促使顾客进行正面的网络口碑传播；公道的价格对网络口碑传播没有明显影响。吴雪飞（2010）以浙江省 3 个知名旅游目的地为对象，对 364 名游客进行问卷调查，研究了旅游目的地形象、网络旅游口碑、顾客忠诚三者之间的关系。林巧等（2008）以大学师生为样本，采用回归分析方法，探讨了信息因素、口碑传播者因素、背景因素和互动因素等对目的地网络口碑信任度的影响。

2. 网络旅游口碑的作用结果

网络旅游口碑对旅游者的态度、认知和旅游决策等有直接作用，对旅游企业的受欢迎程度和产品销量等有重要影响。Sotiriadis 等（2013）以 Twitter 上的评论为例，探讨网络口碑对旅游者行为的影响。研究认为，网络口碑影响旅游者的决策行为，旅游企业可以利用网络口碑进行整合营销。Jalilvand 等（2012）利用 "计划行为理论（theory of planned behavior）"，采用结构方程方法，以 296 位游客的相关数据为样本。研究发现，网络口碑对人们赴伊朗伊斯法罕（Isfahan）旅游的态度、意愿等因素有显著影响，且旅游者以往的旅游经历对其使用网络口碑有显著影响。Shirahada 等（2012）基于服务营销的 7P 理论和顾客服务价值理论，提出一种利用网络口碑评价服务品牌的方法，并将其应用于日本的 6 家酒店。Ye（2011）采用实证方法，探讨网络口碑对酒店在线预订的影响。研究发现，网络评论对在线预订有显著影响。Zhang 等（2010）通过比较顾客个人在线评价与专业编辑在线评价，探讨网络口碑对餐馆受欢迎程度的影响。研究发现，顾客个人在线评价与餐馆受欢迎程度正相关，而专业编辑在线评价与餐馆受欢迎程度负相关。Lu 等（2009）通过对大众点评网的餐馆评论进行分析，探讨了网络口碑的作用。研究发现，负面评论对产品销量有显著影响，且价格在其中起到调节作用。王贵斌（2012）以舟山普陀山旅游景点为例，采用结构方程模型，建立概念模型研究了网络旅游口碑对旅游决策的影响。赖胜强等（2011）以同程旅游网和携程旅行网上的口碑信息为样本，以浙江省各大旅游景区 2007 年接待人数为资料，采用多层回归分析法探讨网络口碑数量、口碑态度、口碑质量与旅游景区接待数量之间的关系。

3. 网络旅游口碑的实践应用

随着网络的普及，人们越来越认识到网络旅游口碑在旅游营销实践中有着举足轻重的作用。有学者从信息技术和营销管理等层面对其实践应用进行了研究。Ohara 等（2010）应用网络技术，设计了一种利用网络口碑推介旅游目的地的方法，即采用信息过滤的方法预测旅游者的偏好并挑选其熟悉并感兴趣的旅游目的地，以该目的地为参照，向该旅游者推介其他旅游目的地。Li 等（2009）比较了网络口碑传播与传统口碑传播的异同，对酒店如何利用网络口碑开展营销提出了相关策略和建议。Litvin 等（2008）认为网络口碑的虚拟性、广泛性、匿名性和即时性对企业的顾客管理提出了新的挑战，并探讨了旅游接待业如何采用技术手段来分析、管理和利用网络口碑，以及利用网络口碑时所面临的道德问题。柴海燕（2011）以天涯社区旅游论坛、同程网旅游论坛和新浪旅游论坛上点击率超过 500 的帖子为样本，应用扎根理论对网络环境下旅游者信息搜寻行为与口碑传播路径进行探讨，构建了网络口碑传播力影响机制模型。

旅游吸引物因素
· 质量
· 价格
· 环境
· 形象

信息因素
· 可靠性
· 及时性
· 专业性
· 全面性
· 相关性
· 吸引力

人的因素
· 传播者
· 接受者
· 双方互动

背景因素
· 网站/论坛的品牌
· 网站/论坛的声誉

网络旅游口碑

顾客
· 感知价值
· 顾客忠诚
· 旅游决策
· 旅游意愿
· 再传播意愿

企业
· 产品销量
· 接待游客量
· 在线预订情况
· 商家受欢迎程度

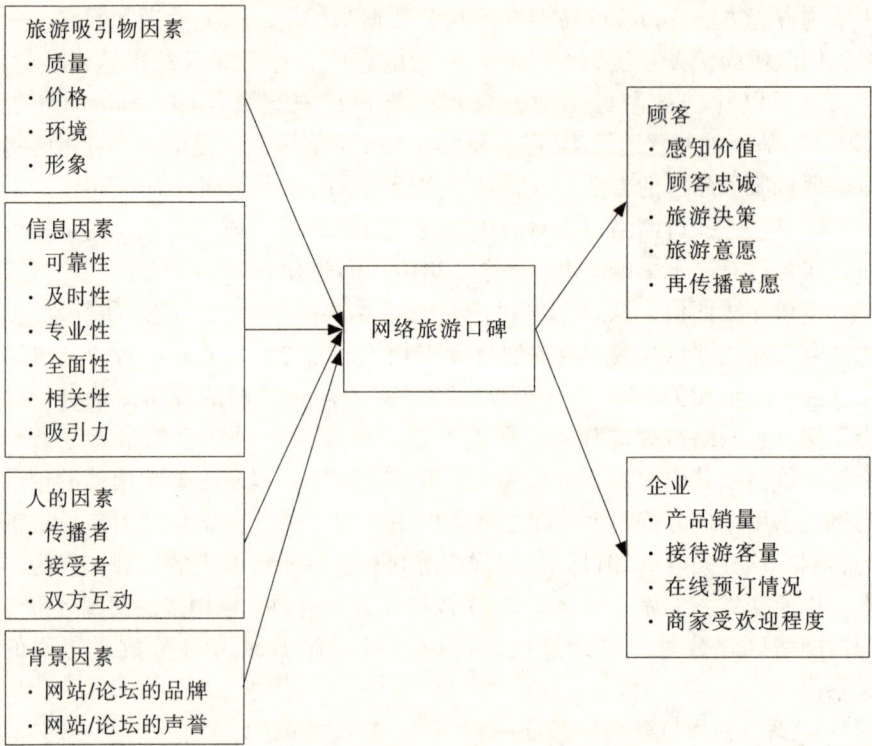

图 2 - 1　网络旅游口碑影响因素和作用结果归纳

　　可见，网络情境下的旅游口碑已引起学者的重视，其主要研究内容包括三个方面：一是网络旅游口碑的影响因素，它主要分为旅游吸引物因素、信息因素、人的因素和背景因素；二是网络旅游口碑的作用结果，它主要分为对顾客的影响和对企业的影响；三是网络旅游口碑的实践应用。总之，网络旅游口碑的研究视角日益多元化，研究内容逐渐丰富，研究方法越来越合理，其中一些结论对传统理论进行了补充或创新。

2.2 旅游博客

2.2.1 博客

1997 年，Jorn Barger 最早用"Weblog"这个术语来描述那些有评论和链接且持续更新的个人网站；1999 年，Peter Merholz 将"Weblog"缩写为"Blog"。随后，"Blog"成为流行术语，并于 2000 年进入中国，它可译为博客、网络日志或部落格等，是一种由个人或组织进行管理、定期或不定期发布文章的网络平台。博客上的文章简称博文，它通常根据发布时间由新到旧的倒序方式排列，也有一些博客根据博文的主题内容进行分类排列。

博客的内容丰富，从政治、历史、哲学、艺术、文学到动漫、时尚、美食、休闲、娱乐，大至国际事件，小至个人心情，都可以发布在博客上。博客的形式多样，大部分博客以文字为主要表现形式，也有一些博客专注于漫画、摄影、微电影、游戏等领域，以图片、视频、音乐和广播等为主要形式。博客的风格各异，既有严肃深刻、专业性强的，如新闻报道、时事评论和财经分析类博客；也有生动活泼、诙谐幽默的，如漫画笑话、小说故事和个人日记类博客。

撰写博客的人被称为博主，其具有发布、更新和删除博文的权利，也可以对博客浏览者的提问和评论作出反馈，并有权审核、删除和屏蔽博客浏览者的评论。有的博主出于知识产权保护或其他方面的考虑，对博客设置了"防复制功能"（他人无法复制博客内容）或"身份识别功能"（只有通过"身份识别"的人才能浏览博文）。浏览他人博客的人被称为博客浏览者，其可以在他人博客上进行评论，并通过文字、图像、声音等形式与博主及其他浏览者互动。

博客可以按照不同的标准进行划分，如按博主身份将博客分为个人博客和企业博客；按管理方式将博客分为自建博客、托管博客和附属博客；按主题内容将博客分为时事博客、财经博客、游戏博客和旅游博客等；按更新速度将博客分为睡眠博客和普通博客。一个博客的类型可以演变，甚至同时兼具不同类型博客的特点；一个人（或机构）可以拥有多个不同类型的博客。

由于博客具有操作简单、持续更新、开放互动和展示个性等特点，它已成为社会媒体网络的重要部分。国际比较著名的博客平台有 Twitter、Facebook 和 Myspace 等。国内的知名网站也纷纷开设博客平台，如新浪、网易、腾讯、搜狐和天涯等。

国际上关于博客的研究文献出现于 21 世纪初。此后，随着信息技术的发展和网络应用的普及，博客引起了学术界越来越多的关注，许多学者都从不同角度和领域对其进行了研究。

1. 基于博主视角的研究

部分学者基于博主视角，对博主的个性特征、职业类型、写作动机和写作风格等进行了相关研究。Kerr 等（2012）应用在线权力（on-line power）理论和内容分析方法，对澳大利亚的一项旅游广告活动进行研究。他认为，博主能通过发布信息、表明观点等手段，将有相似看法的人聚集在一起，从而形成在线权力群体。Hank（2011）通过 153 份问卷调查、24 次访谈和对 93 个博客的内容分析发现，多数学者认为博客有利于其学术生涯的发展（教学、写作、研究、沟通）；他们对博客维护有强烈的责任心。Okdie（2011）利用实验法，以"自我意识"为中介变量，研究博主"自我展示（self-disclosure）"的影响因素。结果发现，博主的自我展示不受"浏览量"和"匿名性"的影响。Brown（2011）利用内容分析法和访谈法，从心理学的角度探讨青少年中的女性在网络的自我表现（self-presentation）。研究发现，"博客表达"能增加青少年中女性的权力感。Dai（2011）利用内容分析法，对中国 2007—2009 年博客关注的 60 个热点事件进行分析，探讨博客评议的模式及影响因素。Tang 等（2010）对传统的 ECT（expectation-confirmation theory）模型进行了扩展，他认为，"体验价值""满意感"和"感知有用性（perceived usefulness）"显著影响博主继续使用某网站的意向。Meyers（2010）通过对 6 个名人博客进行为期 5 个月的观测，对其图片和评论进行分析，并与博主进行访谈，揭示名人博客的作用和影响。Fullwood 等（2009）通过内容分析方法，对 MySpace 上的博客进行研究，探讨其动机、形式、风格，并比较不同类型的人所写博客的差异。研究发现，多数博文的语调是积极的，博主的动机主要是通过写日记来发泄情感；不同年龄的人，其博客动机和风格不相同。

2. 基于博客浏览者视角的研究

另一部分学者基于博客浏览者的视角，对其阅读博客的动机、时间、

意向、内容偏好和政治倾向等进行了系列研究。Zhang 等（2012）采用
PPM（Push-Pull-Mooring）理论模型，对博客浏览者的"迁徙行为（migra-
tion）"进行了分析。结果表明，推力（满意度）、拉力（替代者吸引力）
与锁力（转换成本）对博客浏览者的"迁徙意向"有显著影响；对服务稳
定性、功能吸引力、使用便捷性、描述规范性的不满意是造成"迁徙行
为"的主要原因。Aggarwal 等（2012）探讨网络口碑对风险资本筹措的影
响。研究发现，负面的网络口碑比正面的网络口碑影响更大，并且通过热
门博客传播的网络口碑有利于资金筹措。Jung 等（2012）采用结构方程方
法，对 531 份网络调查数据进行分析发现，印象管理（impression manage-
ment）和窥视心理是人们在博客上发布和浏览个人信息的两个主要因素；
同时，博客活动对现实情感（获助感、孤独感、归属感、幸福感）有重要
影响。Shih（2012）以 44 名英语专业大二学生为受试对象，探讨利用博客
辅助授课的有效性和师生满意感。结果显示，"同学和老师的反馈"和
"博客的特点"是影响学生学习效率和满意感的主要因素。Avci 等（2012）
通过对 92 名学生的问卷调查，比较学生使用博客和维基（Wikis）学习计
算机课程的感知有用性、使用便捷性、自我效能感和焦虑感。结果表明，
学生对博客和维基使用持积极态度，但他们认为维基更有用。Goktas 等
（2012）对学生使用博客进行 ICT（信息通信技术）课程学习进行研究。
结果显示，多数学生认为博客是改变他们对 ICT 看法并使他们熟悉 ICT 的
重要工具。Chiang 等（2011）对 965 名通过博客搜寻购前信息的顾客进行
调研，并采用结构方程模型对数据进行分析。研究发现，博客的便利性是
顾客使用其搜寻信息的重要原因；博客信息的交互共享（interactional sha-
ring）是影响顾客购买意愿的最重要因素。Kaye 等（2011）采用两步聚类
法，将博客使用者分为 4 类，研究认为，人们使用博客的动机不尽相同，
且他们的人口统计特征和政治倾向也存在差异。Yucel（2011）对在线社区
进行调研，利用语义分析，探讨哪些因素会提高博客的受关注程度。Ma-
khadmeh（2011）对雅茅斯大学的 192 名约旦籍学生浏览博客的习惯进行
调研，研究他们浏览博客的时间、类型、动机等。结果发现，他们不经常
浏览博客，很少有人一周浏览博客的时间超过 3 小时；他们偏爱政治方面
的博客；倾向于浏览阿拉伯语的博客；浏览博客的动机主要有放松心情、
逃避现实、核实信息等。Hsieh 等（2010）将博客质量分为信息质量和系
统质量，应用"期望差距（expectation-disconfirmation）"模型来研究博客
质量和博客使用者满意感之间的关系。该研究确立了 9 个构成满意感的关

键要素，并检验它们之间的关系；同时，从博客质量的角度，提出了提高博客使用者满意感的策略。Li 等（2010）采用两步实验法来研究"个性"在多大程度上影响网络沟通。结果发现，博客浏览者对那些和自己个性相似的博主更有兴趣，这验证了现实社会人际交往中的"物以类聚，人以群分"。Bishop（2010）通过实验法和观察法，对 34 名大学生进行调研。结果表明，博客是增进学生学习、促进同学之间和师生之间交流的有效工具。Ma 等（2009）通过问卷调查分析知识管理、情感沟通和流行趋势对博客使用的影响。结果表明，这三个独立变量对博客使用有显著的正向影响，其中，情感沟通是影响最大的因素。Baker 等（2008）对 MySpace 的134 名使用者进行问卷调查，分析他们使用博客的心理。研究发现，他们在"忧虑""自责"等方面得分较高，在"社会融合"和"对自己朋友数量的满意感"方面得分较低，他们将博客活动作为减轻压力的方法。Hsu等（2008）构建了一个"技术接受—知识共享—社会影响"的模型。其认为，使用的便捷性、愉悦性和信息共享等因素与"对待博客的态度"正相关；另外，"社会因素"和"对待博客的态度"影响人们继续使用博客的意愿。Chen 等（2008）通过 727 份有效的网络问卷调查，利用 AMOSS 对数据进行结构方程分析。研究发现，博客活动中的人际信任、信息交换和双向沟通对品牌态度有正向影响。Lin（2008）对密歇根大学的 830 名学生使用博客和其他媒体的习惯进行调研，利用相关分析探讨学生对博客和传统媒体的感知可靠性。结果表明，学生在博客上所花时间和参与程度并非与他们对博客的感知可靠性正相关；采用多种表现形式能增加他们对博客信息的信任。

3. 基于组织（企业/政府）视角的研究

首先，一些学者基于企业的视角对博客进行了相关研究。Sun（2010）通过分析企业博客营销和品牌形象的关系，探讨品牌形象的构成及品牌管理的策略和建议。Liu 等（2010）通过对两种商业博客模式的分析，探讨新型电子商务模式带来的企业机会和社会价值。Yang 等（2009）提出"博客活动"的维度包括认知、态度、行为等属性，并检验了交互式博客的四维尺度，最后提出利用博客建立顾客对企业形成积极态度和口碑的建议。Orzan 等（2009）通过实证分析，探讨企业进行博客营销取得成功的因素。Yuan（2009）通过分析现状，探讨了博客营销的策略和方法。Ding等（2009）认为主要的博客营销渠道不应局限于搜索引擎，而应充分运用RSS（Really Simple Syndication）技术使博客营销更高效；并提出了一种简便的基于 RSS 的博客营销模型。

其次，一些学者基于政府机构的视角对博客进行了相关研究。Grooters（2011）利用网络博客等媒体对"海地地震支援"和"洛杉矶动物保护"两个慈善项目进行募捐，比较这两个案例中博客的作用。Fung（2010）对2008 年美国总统竞选的三个月期间奥巴马的官方博客进行内容分析，认为其在竞选中起到了联系支持者、宣传施政口号等重要作用。Mason（2011）对 2008 年美国总统竞选期间前 100 天奥巴马官方博客的沟通方式进行内容分析，探讨哪种方式能达到有效沟通的目的。Lewis（2010）利用 Pew Internet & American Life 的调研数据，采用层次回归方法，研究在 2008 年美国总统竞选活动中"阅读政治博客、在线政治活动与投票"之间的关系，并分析了不同年龄、性别、受教育程度、收入、婚姻状况、种族和宗教的人的投票行为。Gardner（2010）对 2008 年美国总统竞选期间的政治博客进行内容分析，研究其表现出的性别偏见。Tomsic（2010）通过实证分析，探讨危机发生后，博客在"提供信息、给予补偿、进行道歉和表达同情"四个方面的作用。Washburn（2006）利用组织文化等理论，对纽约一些大学的博客进行比较和研究，探讨它们在招生方面的作用。Menzie（2006）从关系营销的角度对来自四所大学的 532 名被测者进行调研，认为精心设计的图书馆博客能吸引学生并提高其重访率。

可见，目前国际上关于博客的研究主要有以下特点：首先，从研究角度来看，主要集中在信息技术（Keikha et al.，2012；Sathianesan et al.，2012；Weerkamp et al.，2012；Zhang et al.，2012；Liu et al.，2012）、高等教育、公共政治、大众传播、公共关系、危机管理等领域。其次，从研究内容来看，主要是应用行为心理学和传播学理论，对博客活动的"前因"与"后果"进行分析：一方面，对人们参与博客活动的原因（如动机、意愿）进行探讨；另一方面，对博客活动产生的作用（如满意感、购买意向、品牌态度）进行研究。这些研究结果有利于企业利用博客改善其营销活动、政府借助博客优化其公关活动。最后，从研究方法来看，采用的定性分析主要有案例分析、比较分析、语义分析、访谈法、观察法和实验法等；采用的定量分析主要有结构方程、聚类分析、回归分析、相关分析和多维尺度法等。

而国内的相关研究起步较晚。以"博客"为主题对 CNKI 收录的核心期刊进行检索发现，在"中国博客元年（2005）"之后，博客才真正开始引起学术界的重视。学者们从不同角度、采用不同方法、就不同内容对博客活动进行了相关研究。

（1）从研究角度上看，关于博客的研究主要集中在高等教育、大众传播和信息管理等领域。陈国秀等（2012）对国内96所大学图书馆博客网站进行调查，从建站单位、建站时间、博文数量及访问量、主题内容、建站平台等方面对其利用博客提供服务的现状进行分析。研究发现，国内少数大学图书馆的博客服务进入了成熟应用阶段，大多数图书馆的博客服务还处于初期尝试阶段；学科馆员博客是国内大学图书馆提供博客服务的首选形式；国内大学图书馆最常见的博客建站方式是免费公共平台托管方式。刘丽芳（2010）以公共政策言说理论模型为基础，以新浪微博客为研究对象，对其公共话语平台的存在条件和实践情况进行考察，并总结微博客在构建网络公共话语平台方面的传播效果。

（2）从研究内容上看，多选取新浪网、人人网等知名网站的博客为研究对象，对信息传播的特征效果、在线用户的行为规律进行研究。如张赛等（2013）以新浪网博客的1 103个用户为对象，采取三角和算法对相关数据进行分析发现，博客的名人效应没有限制普通用户的影响力；发帖时间对博客热度有较明显的影响，21：00至0：00是博客的最佳转发时间，3：00至6：00是转发"静默期"；不同内容的博客热度有较大差距；博客的热度增长模式主要是激增方式，开始没有受到关注的博客很难成为热门博客。

（3）从研究方法上看，主要分为两个阶段：第一个阶段（2006年之前）的研究方法主要局限于描述性研究的基础上，对博客现象进行陈述和总结，再基于经验、直觉等提出若干建议和意见。如张雷等（2006）对政治博客的产生和发展进行了讨论，概括了政治博客的主要特征和类型，结合网络政治发展的现状，对其未来趋势进行了探索性描述。第二个阶段（2007年至今）的研究方法趋向于系统化和科学化，多采用定性和定量相结合的方法对博客现象进行探讨。如张永等（2011）采用朴素贝叶斯分类算法，提出一种结构特征和内容分析相结合的博客文章分类方法，有效提高了博客文章分类的性能。

2.2.2　旅游博客

旅游博客是博客的重要类型之一。它是指出于自我表达、信息分享、人际交流和个人纪念等动机，正在进行或已经结束旅游的博主根据亲身经历，将自己旅游的行程线路、游览景点、美食购物等相关信息以文字、照片或视频等形式发布的博客。它具有记录、分享和延伸旅游者体验并提升博主个人价值的功能，它为旅游者提供了不同广度和深度的旅游体验交流平台（熊伟等，2012）。

从形式来看，有的旅游博客图文并茂，图片一般是博主在旅游期间亲自拍的照片；文字则以记叙文为主要表达方式，常常按时间顺序记录，或者按地点（景点）进行记录，也有针对单一景区（点）零散记录的。从内容来看，旅游博客不仅是单纯的信息介绍，一般还附有个人评价、出游建议和心得体会等。从风格来看，旅游博客往往生动活泼、轻松随意，个性色彩较浓。

由于旅游博客的以上特点，它既能达到博主自我表达、信息分享和个性展示的目的，又能满足博客浏览者信息查询、娱乐休闲和人际交流等需求，从而广受欢迎。国际比较著名的旅游博客平台有 TripAdvisor、TripatiNi 和 VirtualTourist 等。国内的旅游博客平台往往依附于大型旅游网站，比较知名的有携程、同程和去哪儿等。另外，许多综合性博客平台也开设有旅游模块。

国际上最早关于旅游博客的文献出现于 2005 年左右；直到今天，国内的相关文献仍非常少。通过以"旅游"和"博客"为主题对 CNKI 进行检索发现，关于旅游博客的专业文献出现于 2008 年。随后几年，旅游博客引起了部分学者关注，但以其为主题的文献数量极少。通过对国内外文献的梳理和归纳，旅游博客的相关研究可以根据不同的研究视角（博主视角、博客浏览者视角和旅游企业视角）分为三类：

1. 基于博主视角的研究

这类研究主要是通过分析旅游博客的内容，探讨博主在旅游中或旅游后的感知和行为。Magnini 等（2011）以酒店行业为研究对象，对 743 篇旅游博客进行内容分析，探讨影响旅游者"愉悦感"的决定因素。结果发现，影响旅游者"愉悦感"的最重要因素是服务和卫生；国内外旅游者"愉悦感"的影响因素存在差异，且旅游者在发达国家和发展中国家旅游时"愉悦感"的影响因素也大相径庭。冯捷蕴（2011）利用旅游博客，以北京为例，从文化繁荣、社会和谐、经济发展、宜居和生态、现代化大都市 5 个维度比较了中西方旅游者对旅游目的地形象感知的差异，并分析了他们在文化背景、意识形态和消费水平方面的异同。陈伟霞等（2011）通过对田子坊旅游者博客的内容分析，认为田子坊旅游者的"旅游凝视"主要体现在对弄堂风情、创意元素和开放氛围三个方面的凝视。李祗辉等

（2012）采用内容分析方法，对韩国最大门户网站 NAVER 博客上的游记进行研究，分析韩国旅游者对华东地区旅游的满意感及其形成原因。祝亚平等（2012）以新浪、搜狐及携程旅行网上的游记为样本，综合采用内容分析法和定量分析法，探讨旅游者对殷墟旅游目的地的形象感知。张文等（2010）以携程旅行网上的 36 篇赴台湾旅游的大陆旅游者博客为研究样本，利用内容分析法，探讨旅游者对台湾旅游目的地的认知形象感知、情感形象感知和重游意愿。汪婷等（2010）以百度上的 20 篇芜湖方特欢乐世界旅游者的博客为例，探讨了如何从博客文字和图片中提取和分析旅游者目的地感知、体验和评价等相关信息。陈才（2009、2010）以自助赴大连旅游的旅游者博客为样本，采用质性研究方法，对 50 篇博客的文本进行内容分析；并通过开放式编码和选择编码，构建了目的地意象、旅游动机、旅游消费、旅游凝视、人际互动、旅游认同、旅游回味七个核心要素，系统地呈现了旅游者在大连的一系列旅游体验，并对大连旅游规划与市场营销等方面提出了相关建议。

2. 基于博客浏览者视角的研究

这类研究主要是以博客浏览者为调查对象，探讨旅游博客对其心理或行为的影响。Zehrer 等（2011）基于"期望不一致"模型，分析了 TripAdvisor 上的 134 篇关于酒店、景区评价的旅游博客，探讨其对博客浏览者的影响。结果表明，多数人认为：若多篇评论对评价对象的看法较为一致（基本为正面或负面描述），那么这些评论提供的信息是有用的；若负面评论后面跟有正面评论，则前者的负面性可能减轻或抵消。Wang（2011）对旅游美食博客进行了研究，应用结构方程提出了包括"激发动机、形成意识、产生个人交往"三类变量的模型。对台湾 329 名对象进行调研的结果表明，"吸引力、共鸣、旅行指南、社会影响和虚拟社区影响"等子变量都是影响网民品尝旅游美食意向的关键因素。Huang 等（2010）利用结构方程，探讨了旅游博客的参与程度、博客信息对广告的影响、网民购买意愿之间的关系，并建立了网民购买旅游产品意向的模型。研究发现，参与程度高的网民更倾向于对博客中的广告有好感。Takao 等（2010）从心理行为学的角度，以堪萨斯州机场旅游者的博客为样本，探讨如何过滤旅游博客中的干扰信息并对其进行处理，从而挖掘游客内心的真实想法。

3. 基于旅游企业视角的研究

随着博客逐渐成为商业宣传、客源争夺和形象塑造的重要阵地，越来越多的旅游企业认识到利用博客进行营销管理的重要性。一些学者就此进行了研究，并基于企业视角提出了一系列管理实践的建议和方法。Crotts等（2009）通过"立场转换（stance-shift）"的定量方法，探讨了如何搜集来自旅游博客的信息和数据，并利用其对旅游者满意感、愉悦感及企业竞争力进行研究，从而了解旅游者是否满意、他们如何进行口碑宣传、本企业的优劣是什么、如何在竞争中赢得优势等。Li等（2009）结合信任模型、社交模型和语义分析，提出博客评价机制，并将其应用到台湾的权威博客中。研究发现，许多社会网络的重要理论在博客平台得到了验证；实际评价结果也表明，作者提出的博客评价机制是合理而可行的。Tussyadiah等（2008）认为博客宣传是旅游目的地营销的有效工具，其利用文本结构分析，确定了旅游博客营销的关键因素包括博主特征、场景分类、产品和经历评价，其中，博主特征使博客浏览者对博主形象（照片）、行为、观点和价值观等有所了解；场景分类使博客浏览者对旅游场景有较清晰的认知和期望。该研究为旅游目的地相关机构应用互动模式进行营销活动提供了参考。Gary（2009）认为，旅游组织不能忽视网络博客和虚拟社区的发展。比起专业导购员和旅行社的宣传，顾客更信任来自网页的评论；比起传统的营销沟通，他们觉得博客更可靠、可信。但是要从庞杂的旅游博客中搜集和筛选所需信息是一件耗时耗力的事，如何利用计算机技术对博客进行管理使之"清晰化（visualisation）"至关重要。Ishino等（2011）从信息技术的角度，探索一种从旅游博客中提取和组织有用信息的方法，并通过对超链接进行分类等方法构建了提高检索精度的系统雏形，以提高旅游信息（主要是交通、景点）搜索的有效性和准确性。国内一些学者在这方面也进行了相关研究。张卫卫和王晓云（2008）分析了博客营销的现状和趋势，并提出"博客作者选择是博客营销的关键"等观点。

综上所述，专门针对旅游领域的博客研究还处于初级阶段，相关文献不是很多，尤其是国内对旅游博客的研究才刚刚起步，研究内容相对单一，研究方法较简单。为了寻找可能的突破点和创新点，本书从研究角度、研究内容和研究方法三个方面对国内外文献进行了归纳和对比。具体内容见下表。

国内外关于旅游博客研究对比

	国外研究	国内研究
研究角度	立足于"博客浏览者"来探讨其心理和行为的文献居多	多从"博主"的角度来探讨其心理感知
研究内容	主要应用社会交往理论，分析旅游博客对旅游者感知、意向和认知等变量的影响程度，从而为旅游营销提供思路	主要应用体验理论和消费者行为理论，通过博客反映的"游后反应"分析旅游者对目的地形象的感知，从而得出提升旅游者目的地形象的建议
研究方法	主要基于博客内容的定性分析和基于问卷结果的定量分析，其中，定量分析常采用结构方程方法	主要采用基于博客文本的内容分析方法，且分析手段以人工识别为主，很少借助相关专业软件。而人工识别方法费时费力，导致其样本数量受到限制

2.3　情绪展示和情绪感染

通过对国内外相关文献的研究发现，与"情绪"一词相近的概念主要有感觉、情绪和情感。这些概念在意义上有交叉的部分，也有不同之处，目前学术界对其界定也存在争议。一些学者认为，感觉是指个人基于某种经历的内心感受和感知。情绪则是感觉的一种投射，它具有外显性和社会性。人们可以通过表情、动作等来表达和展示情绪。这种展示可以是感觉的真实反应，也可以是为了达到某种社会期望"调整后的感觉"。情感是这三个概念中最抽象、最复杂的，它常常是指人们潜在的、无意识的一种强烈感情（Shouse，2005）。可见，在这些概念中，情绪的外显性最强，其可观测性也最强。另外，情绪的社会性也决定了它对情绪展示者和接受者都能产生重要影响，因此，一些学者将情绪作为研究主题，探讨情绪展示和情绪感染的影响和作用机制。

2.3.1 情绪展示

情绪展示来是指人们通过表情、动作、语言、文字、图画和音乐等方式来表达内心感受的各种活动，其表达出来的感受可以是内心的真实感受，也可以是为了符合社会期望而进行了后期加工的感受。从内容上来看，对情绪展示在管理学和营销学方面的相关研究主要集中在两个方面：一是情绪展示的影响因素，二是情绪展示产生的作用。从维度上来看，主要是针对不同的情绪展示进行研究，如积极情绪展示和消极情绪展示，语言情绪展示和非语言情绪展示等。目前，国内在管理学领域对情绪展示进行研究的文献不多。在对国内外文献进行梳理的基础上，可将有关情绪展示的研究归纳如下。

其一，从情绪发出者的角度来看，不同的情绪类型可以通过各种表现方式展示出来；不同性别、不同背景和不同个性的人情绪展示的方式不尽相同；由于情绪本身具有社会性，情绪展示往往受到社会期望和外界环境的影响。Friedmen 等（1991）认为，人们在公共场合和私人场合的情绪展示存在差异。Rafaeli 等（2000）对 5 家超市的 194 笔交易进行了调研，认为员工的积极情绪展示受到营业场所繁忙程度和顾客要求的影响，营业场所越繁忙，员工的积极情绪展示程度越低；顾客的要求越高，员工的积极情绪展示程度越高。

其二，从情绪接受者的角度来看，不同情绪的可识别程度不同。Calvo 等（2008）将中立、快乐、生气、悲伤、惊讶、恐惧和厌恶 7 种不同情绪展示的 280 张照片给受访者观看，研究发现，快乐是最容易识别出来的情绪，恐惧是最难识别出来的情绪。另外，人们在情绪展示时，会倾向于作出符合社会期望的展示。因此，真实的情绪展示比表面的情绪展示更难识别（Banerjee，1997）。

其三，个人的情绪展示会对他人的感知和行为产生影响。①管理者的情绪展示会对下属产生影响。Lewis（2000）用实验法研究发现，管理者的消极情绪展示会影响下属对管理者的评价：与中立情绪展示（neutral emotional display）的管理者相比，男性管理者展示悲伤情绪时，下属对其评价更低；女性管理者展示悲伤或生气的情绪时，下属对其评价更低。②服务人员的情绪展示会对顾客产生影响。Tan 等（2004）认为，服务人员的积极情绪展示会正向影响顾客满意感。

可见，从研究领域来看，关于情绪展示的研究已经开始从心理学领域进入管理学领域，从理论研究扩展到应用研究。从研究内容来看，由于情绪具有社会性，其展示往往要符合社会期望，并有相应的作用对象，因此，情绪展示对其作用对象在心理和行为方面的影响成为目前的研究重点。从研究方法来看，由于情绪展示主要是通过面部表情、肢体动作来表达，其研究方法多采用实验法和观察法。

2.3.2　情绪感染

情绪感染是指人们在社会交往过程中，会自动、即时和持续地模仿他人的面部表情、声音、姿势、动作和行为等，并倾向于时刻捕捉他人的情感。国际上情绪感染理论的提出可以追溯到 1983 年，其应用领域日益广泛。国内最早关于情绪感染的相关研究始于 20 世纪末，主要涉及心理卫生和教育教学领域。随后，学者们将其应用到服务营销和管理学领域，相关文献主要涉及管理人员、服务人员、顾客之间的情绪感染，其中，以研究一线员工和顾客之间的情绪感染最为多见。

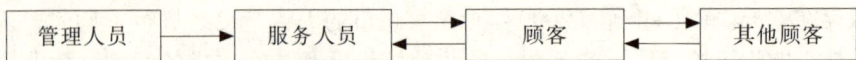

图 2-2　管理人员、服务人员、顾客之间的情绪感染

1. 服务人员情绪对顾客的影响

服务人员和顾客之间情绪感染的相关研究主要集中在服务人员对顾客的影响，探讨服务人员情绪对顾客情绪、购买量、感知服务质量、忠诚感、满意感、再购意愿等因素的影响，也有少数学者研究了顾客情绪对服务人员的影响，探讨顾客情绪对员工情绪、满意感的影响。

服务人员的情绪影响顾客感知，尤其在高接触的服务过程中，服务人员的情绪直接影响顾客感知质量、满意感和再购意愿等。Wang 等（2012）利用神秘顾客法，以台湾面包连锁店为例探讨员工情绪对顾客的影响。结果表明，员工的正面情绪不影响顾客购买量，但影响顾客再光顾意愿；员工的负面情绪影响顾客购买量。Jung 等（2011）以韩国 333 名家庭式餐馆的顾客为样本，探讨非语言沟通、顾客情绪、顾客满意感之间的关系。研究表明，员工的举止神态和肢体语言都会影响顾客情绪，进而影响顾客满意感。Du 等（2011）利用视频实验法，探讨服务失败和服务补救中的情绪感染现象。结果发现，员工的负面情绪会强化服务失败中的顾客负面情绪；员工的正面情绪能减轻服务补救中的顾客负面情绪。Lin 等（2011）基于营销学和心理学，利用结构方程模型探讨了 10 种不同服务行业中的 217 对"员工—顾客"关系。结果发现，员工情绪正向影响其情感性服务传递，从而正向影响顾客情绪。Jiang 等（2009）探讨员工态度对顾客感知服务质量的影响。其认为，顾客能通过情绪感染来捕捉员工情绪，该过程会影响顾客对服务质量的感知。Söderlund 等（2008）以 220 名受访者为样本，研究了服务人员在服务接触中的"笑容展现（display of smile）"对顾客满意感的影响。他认为，展现笑容的服务人员能带来更高的顾客满意感。Lin 等（2008）以台湾服装店的顾客为样本，探讨了服务人员的外表、态度和行为如何影响顾客情绪、满意感和忠诚感，并研究性别在其中的调节作用。结果显示，具有双性特征的顾客对情绪感染更为敏感。Barger 等（2006）以 173 名顾客为样本，检验了情绪在服务接触中的中介作用。其认为，顾客情绪没有在"员工笑容对顾客满意感的影响"过程中起到中介作用。Henning 等（2006）以 223 名参加情境模拟的顾客为样本，探讨情绪感染如何影响服务关系。研究表明，员工情绪对顾客情绪有直接影响；但笑容程度（extent of smiling）对顾客情绪没有影响。Yoon（2006）等以美国东北部银行的电话服务为例，分析了"出现问题的服务交往（problematic service interaction）"中责任归因和服务人员负面情绪的关系。结果发现，服务人员的负面情绪会产生负面结果，责任归因在其中起到调节作用。McColl（2006）探讨了服务失败和服务补救中的情绪感染。他认为，顾客的情感过程、认知过程、生气、愤怒之间存在关系。Pugh（2001）研究了情绪感染的影响因素和结果，他认为，顾客能捕捉员工的情绪，因此，员工的积极情绪对顾客情绪产生正面影响，进而影响服务接触和顾客对服务质量的评价。

国内一些学者也就服务人员情绪对顾客的影响进行了相关研究。杜建刚和范秀成（2007）采用真实情境录像模拟法，分析了顾客在服务补救中的情绪反应机制，并构建了情绪对满意、行为影响的概念模型。研究发现，情绪感染在服务补救情境中显著存在。顾客观察和感受到服务人员的情绪后，会无意识地受到感染，并影响自己的情绪，进而影响其服务补救后的满意感和行为。金立印（2008）以银行服务为例，实证分析了服务接触中的员工沟通行为对顾客情感和行为的影响。研究显示，员工的不当语言沟通可能激发顾客消极情绪；员工的举止体态等非语言沟通显著影响顾客的积极和消极情绪；员工的外貌、打扮和服饰等对顾客负面情绪没有太大影响，但对其正面情绪有积极作用；顾客的情绪直接影响其参与服务、与员工互动的意愿。杜建刚和范秀成（2009）采用实验法，探讨了服务消费中多次情绪感染对消费者负面情绪的动态影响。研究发现，服务消费中存在正向情绪感染和负向情绪感染，服务人员的语言、行为和情绪都会对消费者负面情绪产生持续的动态影响，且情绪感染敏感度对情绪感染过程具有显著的调节作用。银成钺（2011）利用拉塞尔的刺激—反应模型，通过神秘顾客法，发现零售、金融、餐饮等服务业企业一线员工的情绪展示通过顾客情绪中的"愉悦"这一中介变量对"感知质量"产生正向影响，且这种情绪感染的效果受到情绪易感性的调节；另外，一线员工的情绪展示负向影响顾客情绪中的"唤醒"，并通过"唤醒程度"负向影响其感知服务质量，但这种情绪感染的效果不受情绪易感性的调节。杨锴（2011）基于情绪感染理论，对服务人员如何激发顾客情绪进行了理论解释，并提出服务企业感染并激发顾客积极情绪的建议和对策。张淑珺（2012）利用Mano 和 Oliver（1993）的观点，将情绪分为积极和消极两个方面，从顾客保留、相关销售和顾客推荐三个方面探讨情绪感染对营销组合的影响。

2. 顾客情绪对服务人员的影响

顾客情绪反过来也会对服务人员产生影响。一般情况下，顾客的正面情绪可能对员工产生正面影响，顾客的负面情绪可能对员工产生负面影响。Kim 等（2012）分析了服务人员情绪和顾客情绪之间的双向作用。研究发现，员工的正面情绪展示影响员工的"愉快心情"，顾客的正面情绪展示在其中起中介作用；员工的正面情绪影响顾客的正面情绪，顾客个性特征在其中起调节作用。Kiffin 等（2012）利用日志语义分析法，以不同行业276 名销售人员的874 个积极事件（positive event）为样本，探讨正面情绪在服务接触中的作用。结果表明，销售人员和顾客的正面情绪会相互影响。鲁守利（2011）采用实验法，以企业对员工支持度和顾客负面情绪来源为调节变量，探讨顾客负面情绪对员工满意度的影响。研究发现，顾客负面情绪对员工满意度有负向影响；顾客负面情绪来源不同对员工满意度的影响有显著性差异；企业支持度和顾客负面情绪来源对员工满意度的影响有交互作用。

3. 顾客之间的相互影响

目前关于顾客之间情绪影响的文献非常少，学者们研究较多的是顾客—顾客（customer-to-customer，C2C）交往中对彼此感知和行为的影响，其中又以面对面情境下的 C2C 研究居多（Rogozinski，2007）。Yoo 等

（2012）以 427 名韩国酒店的顾客为样本，分析积极的 C2C 交往对顾客参与、感知服务质量和满意感的影响，并探讨交往公平在 C2C 交往、角色清晰、角色冲突等关系中的作用。结果发现，顾客角色在"C2C 交往对顾客参与的作用"中起到调节作用；顾客角色通过顾客参与和感知质量间接影响顾客满意感。Papathanassis（2012）通过对 173 名随机受访者的调查，探讨了游轮旅游中 C2C 交往的重要性，并利用对 76 名受访者的半结构化访谈结果构建了 C2C 交往影响顾客满意感的模型。Nicholls（2011，2010）对近 20 年关于 C2C 交往的研究进行了梳理和归纳，并通过对研究专家和酒店管理者的访谈，探讨了今后 C2C 的研究方向，如跨文化背景下的 C2C 交往等。他认为，C2C 交往是一个非常复杂的过程，它对顾客感知有重要影响。Libai 等（2010）探讨了 C2C 交往的影响，并指出其在互联网时代的研究重点。Huang（2010）利用网络调研，探讨了游轮旅游中的 C2C 交往对游憩体验和满意感的影响。研究发现，C2C 交往质量对游憩体验有正向的直接影响，且对满意感有间接影响。Wu（2008）通过对出境旅游者的问卷调查，探讨 C2C 交往和顾客反应的关系。研究表明，C2C 交往中的"彬彬有礼"对顾客满意感有正向影响，"粗鲁无礼"对顾客忠诚有负向影响。Gruen 等（2007）以会议参与者为调研对象，利用回归分析和路径分析，构建了"动机—机会—能力"模型来研究面对面情境下的 C2C 行为。其认为，C2C 行为确实提高了感知服务价值和顾客忠诚度。Wu（2007）以台湾旅游者为问卷调查对象，探讨了 C2C 交往和顾客同质性（homogeneity）对顾客满意的影响。研究发现，其他顾客的礼貌程度和婚姻状况同质性（marital homogeneity）都正向影响顾客对其他顾客的评价，该评价正向影响顾客满意感。Gruen 等（2006）以 616 位网络论坛参与者为对象，探讨了网络情境下的 C2C 行为。研究表明，C2C 行为影响顾客对产品的价值感知和推荐意愿，但对其再购意愿没有影响。

有极少数学者对顾客之间的情绪感染进行了研究。Tombs 等（2013）利用实验法，研究了顾客之间的情绪感染。他认为，即使在没有直接交往的顾客之间，其他顾客的正/负面情绪也会对顾客情绪和再购意愿产生影响。Qiu 等（2008）以 208 位大学生为样本，通过实验法，探讨网络评价中的情绪因素对说服效果的影响。结果表明，情绪化网络口碑比非情绪化网络口碑具有更大的说服效果。

综合国内外文献来看，对情绪感染的研究还处于起步阶段。首先，从研究角度来看，其相关文献主要集中在心理学、管理学和营销学领域，且大多数文献是探讨服务人员情绪对顾客的影响，探讨顾客之间情绪感染的非常少。其次，从研究内容来看，一是探讨情绪感染的不同维度，如正/负面情绪、静态/动态情绪；二是探讨情绪感染的影响因素（如性别、职业、人格及亲疏关系等）和作用机制（如情绪对顾客满意、服务质量的作用）；三是对情绪感染量表进行开发并对其普适性进行验证（傅俏俏等，2011；成达建，2012）。最后，从研究方法上看，主要是结合图片和录像展示等手段，采用访谈法、实验法、观察法和问卷法等进行分析。

2.4　情绪和行为意向

行为意向是指人们对待或处理客观事物时的欲望、愿望、希望、谋虑等行为反应倾向，即行为的准备状态。学界普遍认为，情绪和认知是影响行为意向的两个重要因素。早期的研究多从认知的角度探讨行为意向的影响因素，随着心理学理论在管理和营销领域的应用，情绪因素对消费者行为意向的影响越来越受到学界的重视。

2.4.1　情绪对行为意向的影响

人在产生情绪的时候，相关的行为意向也随之产生，两者几乎是同时发生的（Lewis，2005）。可见，情绪对行为意向有至关重要的作用，某些情绪甚至对行为意向起到决定性作用。Ryu 和 Jang（2008）研究发现，情绪中的"愉悦"是影响顾客行为意向的决定性因素。沈鹏熠（2011）以大型综合超市为研究对象，通过对 3 个城市的 150 名顾客进行问卷调查，探讨消费者情绪对其购买意向的影响。（研究表明，愉悦情绪不仅直接影响顾客的购买意向，而且以信任为中介变量对购买意向产生间接影响。）还有一些学者的研究结果表明，情绪比认知对行为意向的影响更大（Martin et al.，2008）。当然，也有学者对此持相反意见（Burns et al.，2006）。另外一些学者则认为，情绪对意向的影响是间接的，情绪可以通过满意感、信任等因素来影响重购意向和传播意向等（庞芳，2013）。

其次，虽然情绪对购买意向和口碑传播意向都有影响（耿黎辉，2008），但积极情绪和消极情绪对行为意向的影响是不同的。积极情绪往往会正向影响客户的消费意向、重购意向、信息采纳意向（马庆国等，2009）和冲动性购买意向（于尚艳等，2013）。消极情绪会负向影响顾客的消费意愿和重购意向（赵延昇等，2012）。研究较多的消极情绪有愤怒、后悔和失望等。有资料表明，具有愤怒情绪的顾客更倾向于用传播负面口碑来报复企业，而具有后悔情绪的顾客更倾向于用沉默来缓解自己的负面感知（汪兴东等，2013）；后悔情绪负向影响顾客的重购意向，正向影响消极口碑传播意向（侯如靖等，2012）；失望情绪负向影响顾客的信任倾向（龚金红，2013）。

另外，情绪对行为意向的影响还体现在中介作用上。张初兵等（2014）认为，感知公平性对顾客行为意向有显著影响，积极情绪和消极情绪在这一过程中起到部分中介或完全中介的作用。于尚艳（2013）认为，网络消费者情绪在"网店绑定策略与消费者冲动性购买意向"之间起到部分中介作用。

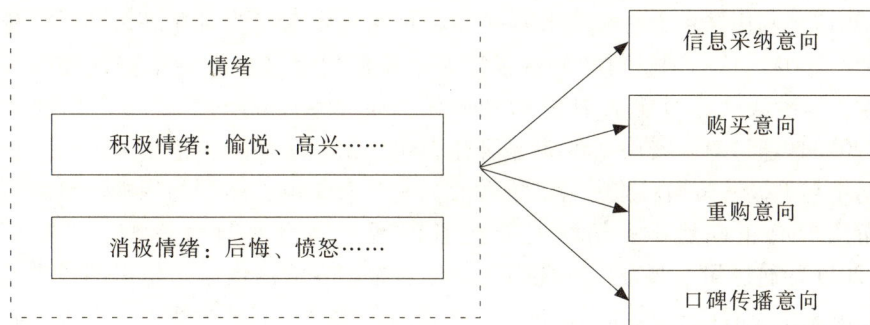

图2-3 情绪对行为意向的影响

可见，目前学界主要是将情绪分为积极情绪和消极情绪，或者进一步将积极情绪细分为愉悦、高兴等，将消极情绪细分为后悔、愤怒等，研究其对购买意向、重购意向、信息采纳意向和口碑传播意向的直接或间接影响。

2.4.2　情绪对旅游意向的影响

旅游意向是指人们进行旅游活动的行为倾向，它受到旅游者信念、态度、情绪等因素的影响。目前一些学者对旅游意向的影响因素进行了实证研究。结果显示，旅游者对目的地的形象感知、熟悉度等均对旅游意向有显著影响（刘力，2013；杨杰等，2009）。另外一些研究表明，不同特质的旅游者具有不同的旅游意向（于强等，2011）。还有学者将旅游意向细分为旅游花费意向、出游方式意向、出游距离意向、交通选择意向、住宿意向、产品期望等，并对潜在旅游者的这些意向进行调研和统计（文连阳等，2010）。

目前关于情绪对旅游意向影响的直接研究不多，一些学者探讨了情绪对旅游者感知和态度的影响。张维亚等（2012）通过实证分析，发现旅游者积极情绪和消极情绪对其满意感有显著影响；邱扶东等（2005）通过实验法研究发现，旅游者消极情绪对旅游决策有显著影响；曹花蕊等（2013）利用结构方程模型验证了积极情绪对购后行为有显著影响；刘燕霞（2004）从心理学角度分析了情绪对旅游决策和旅游者审美活动的影响。极少数学者对旅游者情绪和旅游意向的关系进行了研究。白凯等（2010）通过对西安回坊的实证研究表明，无论是强烈的还是缓和的积极情绪与消极情绪均对旅游者的推荐意向有显著影响；强烈的积极情绪对重游意向有正向影响；情绪对旅游者消费意向没有显著影响。程霞等（2011）通过问卷调查，发现网站特性对旅游者愉悦情绪产生影响，进而影响其出游意向。刘力等（2010）将情绪分为愉悦度和激活度，发现旅游者购物情绪的愉悦度显著地正向影响其重购意向和推荐意向；旅游者购物情绪的激活度显著地正向影响其趋近意向（实际停留时间比预计的长、实际花费比预计的多）。

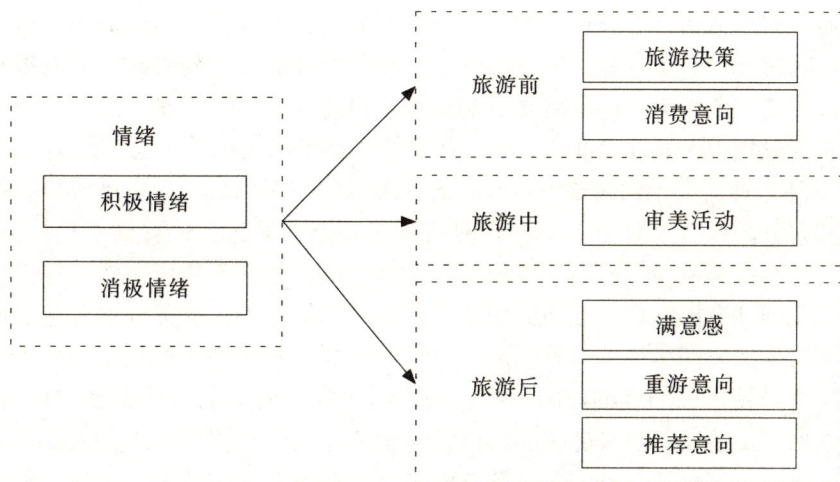

图 2 - 4 情绪在旅游活动不同阶段的影响

综上所述,虽然学者们对情绪和行为意向的关系进行了相关研究,但关于情绪和旅游意向关系的研究还非常少。首先,从研究角度来看,主要是从心理学的角度进行相关研究,且大多数是探讨消费后的情绪对行为意向的影响(主要包括重购意向和推荐意向)。其次,从研究内容来看,主要探讨不同情绪(积极情绪/消极情绪)对行为意向的不同作用,一般认为,积极情绪能提高重购意向和正面推荐意向,消极情绪会降低重购意向和正面推荐意向。绝大多数研究均以现实场所为情境,探讨网络情境下情绪对消费者行为意向影响的文献非常少。最后,从研究方法上看,多数研究采用实验法和观察法,利用图片、视频等描述场景或故事,测量受试者对这些材料的情绪反应。该方法耗费时间较长,一般受试者配合度不高,因此,研究者多选择配合度较高的在校大学生为调查对象,由此导致样本不可避免地存在一定的局限性。

2.5 现有研究的不足

通过对国内外相关文献进行梳理,可以发现,相关学者对口碑传播、旅游意向和情绪感染等理论进行了一系列研究，取得了丰硕的成果。虽然国内在这方面起步较晚，但也取得了一些阶段性成果。随着时代的发展和环境的变化，相关理论也需要不断完善。因此，在对前人研究进行学习和分析的过程中，发现目前研究的一些不足和值得深入探讨之处。

（1）目前关于网络旅游口碑的研究多以专门对酒店、景点进行简单评论和评分的网站为对象。从这些网站收集数据相对方便，且样本量较大，但由于有些商家为了提高评价分数而不择手段，如请人作虚假评分等，导致这些网站数据的真实性和可信度大打折扣。虽然国内有部分学者通过旅游博客来研究网络旅游口碑传播，但绝大多数是基于博主的角度，提炼出旅游者（博主）对目的地的形象感知，即研究旅游者的游后态度和行为。随着网络的普及，越来越多的旅游者在旅游之前会利用博客平台来了解相关信息，这些信息会影响其旅游意向，进而影响其旅游决策。而目前国内学者基于博客浏览者的角度来分析旅游博客对其游前态度和行为意向影响的研究极少。

（2）目前对旅游意向的研究多是从旅游目的地形象感知的角度进行分析的，重点研究旅游者对目的地形象的认知对旅游意向的影响。这些认知因素包括目的地的距离远近、资源等级、社会治安、环境卫生、交通状况和消费水平等。从本质上来说，其研究前提是西方经济学中的"理性人假设"，即将旅游者视为"经济理性人"进行分析，认为旅游者的行为意向主要受到其感知的"收益/成本"的影响。但心理学认为，人的行为意向受到认知和情绪两个重要因素的影响，两者相辅相成，不可分割，甚至有学者认为情绪对行为意向的影响要大于认知对行为意向的影响。而目前关于旅游者情绪与其旅游意向之间关系的研究非常少。

（3）目前国内外在管理学和营销学领域关于情绪感染的研究绝大多数是探讨"顾客—员工"或"领导—员工"之间的情绪感染，而极少探讨顾客之间的情绪感染。这可能是由于"顾客—员工"或"领导—员工"之间存在较多面对面沟通和交流的机会，他们之间的情绪感染相对容易观察和测量。在一般的服务接触场所，顾客之间的直接交流和沟通并不多，即使存在为数不多的交互作用，研究者也难以察觉和测量。因此，顾客之间情绪感染的研究不多。随着网络的发展和普及，顾客可以在网络论坛、虚拟社区和博客平台进行信息共享和情绪表达（Cole，2011），并开展一系列互动活动，而网络的开放性又使这种互动变得公开，这为探讨顾客之间的情绪感染提供了契机和条件。

（4）目前关于情绪感染的研究多是在面对面的情境下开展，而感染途径往往是面部表情、肢体动作、声音语调和行为举止等，极少有学者研究以语言文字为媒介的情绪感染。语言文字能激发阅读者产生与所描述内容和情景相似的想象，进而使阅读者产生与作者相一致的情绪感受（Hoffman，2002）。可见，语言文字也是情绪感染作用的重要媒介。而目前关于语言文字环境下的情绪感染研究非常少，网络语言文字环境下的相关研究就更少了。

基于以上分析，本书尝试对现有理论进行一定补充和完善，探讨旅游博客情绪展示对旅游意向的影响，并将情绪感染理论应用到网络（文字）环境，分析"旅游者—旅游者（博主—博客浏览者）"之间的情绪感染作用及情绪感染力和情绪易感性的调节效应。

理论基础与研究模型

3.1 理论基础

口碑传播理论和情绪感染理论是本书的重要理论基础。本章将对该理论的相关内容进行介绍。

3.1.1 口碑传播理论

口碑一词最早出现在 20 世纪 60 年代，它是指消费者之间对企业产品、服务和品牌等方面的评价及其传播，这种传播往往以口口相传为特征。

口碑的定义表

作者	时间（年）	定义
Arndt	1967	消费者之间关于公司及其产品、品牌和服务的口头形式的人际沟通
Westbrook	1987	消费者之间非正式的关于企业及其提供产品、服务的意见、想法等信息的交换、沟通和传递
Swan & Oliver	1989	告诉他人有关特定产品或服务的正面陈述
File，Judd & Prince	1992	服务购买者对于服务非正式的信息交换
Tax & Christiansen	1993	消费者之间关于供应商或其产品或服务特点等方面的非正式沟通
Bone	1995	人与人之间关于产品信息和使用的沟通，但参与沟通的双方都不是营销人员
Helm & Schlei	2000	产品提供者、独立的专家、家人和朋友，实际和潜在的消费者等群体之间进行的口头沟通，包含了正面的和负面的沟通

（续上表）

作者	时间 （年）	定义
Rosen Emanual	2000	任何给定时间里关于某个特定品牌、产品、服务或公司的人与人之间所有交流的总和
阚克儒	2004	顾客愿意主动积极地、以非商业的目的散布自己或他人对于产品的使用经验
刘国治	2005	公众对某企业相关信息的认识、态度、评价、认可，并在群体之间相互传播的所有内容以及最终的心理满足和赞颂（也可以是批评与斥责）
美国口碑市场营销协会	2006	消费者向其他消费者提供信息的行为。它是顾客自然而然的、真实的、诚实的声音
罗时鑫	2007	消费者相互传播的对产品、服务或品牌等相关问题的认识、态度和评价
张明星	2008	消费者之间通过面对面、电话、Email、博客、论坛、即时通信工具等各种方式交流、沟通、传播、暗示的有关企业产品、服务、技术、品牌等各方面的态度、体验、情感、思想、观念、意见和建议等有关企业正面或负面的信息

资料来源：刘焱. 基于博客平台的游客满意度评价方法研究［D］. 长沙：湖南大学，2012.

　　可见，与其他媒介传播方式相比，口碑传播具有几大优势：从形式上看，口碑传播具有非正式性；从过程上看，口碑传播的成本较低；从效果上看，口碑传播的可信度较高。因此，口碑传播受到越来越多企业的重视，口碑营销也成为商家的重要营销方式。

　　随着现代科技的发展，口碑传播的途径延伸到互联网。从本质上讲，网络口碑和传统口碑只是传播媒介的不同，其具有传统口碑的一般特征。但传播媒介的不同带来了一些新的特点：①网络口碑的传播方式更加多样化。消费者可以通过个人网页、社区论坛、聊天工具等载体，将相关产品或服务信息的评价用文字、声音、图片和视频等形式传播出去。这就突破了传统口碑传播需要面对面口口相传的限制，使传播方式和内容都更加多样化；音频和视频等形式的出现提高了口碑传播的真实性和生动性。②与传统口碑传播相比，网络口碑的传播内容保存更持久。消费者通过文字、图片等形式进行网络口碑传播，而其他人在再次传播时往往使用链接原文的方式，这使得其内容在传播过程中能保持原始意思，并且可以追溯查看。③与传统口碑传播相比，网络口碑的传播对象更广泛。消费者不但可以在自己的亲友圈中分享相关信息，还可以和陌生人进行沟通，而且网络传播的匿名性使消费者之间打破了传统的社会身份隔阂，不同阶层和群体的消费者之间可以平等沟通和交流。这使得口碑传播突破了社会群体限制，其影响范围更加广泛。④与传统口碑传播相比，网络口碑的传播速度更迅速。消费者可以通过手机上网等方式同步分享对产品和服务的评价和感受，而不必等到消费活动完成后再对其进行口碑传播。这就大大降低了口碑传播的延时性。

网络口碑的这些鲜明特征引起了学术界的注意，一些学者对其进行了相关研究。其中，从情绪角度分析网络口碑传播的动机和效应是新兴的研究重点之一。一方面，从网络口碑传播的动机来看，网络口碑传播的动机与平衡效用有关（Hennig-Thurau et al.，2004）。根据平衡效用理论，人们习惯于平衡的生活，当一个人的平衡状态被打破时，他会想方设法使其恢复到平衡状态。消费者的平衡可能被一次非常满意或非常不满意的消费经历打破，他们可以通过网络来表达积极情绪或发泄消极情绪，从而获得平衡。例如，有着非常满意经历的消费者通过博客与其他人分享喜悦情绪；而有着非常不满意经历的消费者在博客上发帖宣泄消极情绪，从而降低失望感和焦虑感（Sundaram et al.，1998）。另一方面，从网络口碑传播的效应来看，口碑接受者的个人情绪也会受到口碑传播内容的正面或负面影响。例如，网民可以通过阅读其他人的博客获得自我认同，并以此释放压力和肯定自我（胡敏，2010）；也可能在阅读其他人的博客后感到郁闷、失望甚至愤怒。

因此，传播者的情绪表达和接受者的情绪感受成为网络口碑传播的重要特征。一些学者认为，网络内容的碎片化加剧了网络口碑传播的情绪化。由于网络表达具有随意性，其内容在完整性和逻辑性方面有所欠缺，往往出现碎片化的信息。在无法提供全面信息的情况下，情绪化的表达很可能成为网络口碑传播的主要内容（许莹，2013）。而传播者对事实描述的不充分，使接受者的注意力容易聚焦在情绪化的语言上，进而影响自身情绪。另外，网络口碑传播的多向化是情绪扩散的重要原因。在网络背景下，信息由一个点向多个点发出，呈发散型扩散，这使得多向传播成为网络口碑的显著特色。而根据口碑传播理论，内容的传播往往伴随着情绪的交流，网络口碑传播的多向性使得其情绪交流的范围更广泛。尤其当出现明确的正面口碑或负面口碑时，其伴随的情绪也越强烈，这种情绪在传播过程中可能被不断放大甚至走向极端，最终导致情绪膨胀的程度远远超过信息本身意义的强度，从而出现"弱信息、强情绪"的情况（隋岩、李燕，2012）。

综上可见，网络口碑传播呈现出与传统口碑传播不同的特点，其中，情绪化突出是网络口碑传播的重要特征，其为消费者口碑传播提供了新的研究视角。

3.1.2　情绪感染理论

情绪在本质上是个人知觉的反应，它与其他心理状态的区别在于其是一种"有意识的感觉"，具有内在体验性；同时，情绪是一种社会现象，它可以为了符合某种社会期望而进行调整，具有外显性和社会性特征。Parkinson（1996）认为情绪广泛地存在于人际交往中，并能对其他人产生影响。孟昭兰等（2000）也指出情绪同时具有生物性和社会性，是先天因素和后天影响相结合的复合心理行为，它与人际交往双方互动密切相关。

早在二十世纪七八十年代，有学者就注意到情绪在人际交往中的重要作用，认为个体能感受到他人的情绪，并对他人情绪作出反应。法国著名社会心理学家勒庞在其著作《乌合之众》中提出：在人与人的交流中，每种情绪都具有传染性，这种传染性导致人们的情绪和思想趋于一致，形成一种集体心理。学术界对人与人之间的这种情绪感应和反应进行了一系列研究，但直到90年代初，"情绪感染"一词才作为专业术语正式出现在研究文献中。Schoenewolf（1990）明确提出情绪感染是指"个人或团体有意或无意地受到其他个人或团体情绪状态和行为态度感染的过程"。Hatfield和Cacioppo（1994）在他们的著作 *Emotional contagion* 中首次对情绪感染进行了系统的阐述和研究，并将情绪感染定义为"人们在社会交往过程中，会自动、即时和持续地模仿他人的面部表情、声音、姿势、动作和行为等，并倾向于时刻捕捉他人的情感，该过程即情绪感染"。这一定义得到学术界的广泛认可，*Emotional contagion* 一书也被视为情绪感染理论正式确立的标志性著作。

　　Hatfield 等认为，在人际交往中，一个人通过对方的表情、动作、姿势和行为注意到其情绪后，会自动地、无意识地进行同步模仿。这一过程被称为变色龙效应（Chartrand & Bargh，1999）或涟漪效应（Pugh，2001；Tsai & Huang，2002）。他们指出，这种效应能使人际交往更顺利，提高交往双方的好感和亲近感。但这一论点忽视了情绪的极性。情绪可以分为积极情绪和消极情绪两个极性，积极情绪强烈的个体对自己和世界持积极态度，其幸福感强；而消极情绪强烈的个体对自己和世界持消极态度，其幸福感弱（Watson，Clark & Tellegen，1988）。积极情绪和消极情绪是情绪的两个维度，任何情绪体验都可以归入这两个维度（Zelenski & Larsen，2000）。因此，情绪感染应该也包括消极情绪的感染作用，也会产生变色龙效应或涟漪效应，但这种效应可能不利于人际交往，例如个体的愤怒情绪可能感染对方也产生愤怒情绪，最终激化双方矛盾。如果这种消极情绪是群体性的，后果可能更严重。

　　情绪感染的效应不仅受到情绪本身的极性影响，还受到个体差异的影响。Hatfield 等（1994）认为情绪感染的作用过程包括两个方面，一方面是情绪传播者，他们通过情绪影响他人；另一方面是情绪接受者，他们被其他人的情绪所影响。这两者之间的情绪感染过程可以是一次性的，一个人是情绪传播者，另一个人是情绪接受者；也可以是在双方之间多次反馈的，双方轮流扮演情绪传播者和接受者的角色。同一个体在一种情况下是情绪传播者，在另一种情况下又可能成为情绪接受者。影响能力强的人被认为具有较强的情绪感染力，他们倾向于展现自己；容易被影响的人被认为具有较高的情绪易感性，他们倾向于关注他人。这两者之间并不排斥，一个人可以同时具有较强的情绪感染力和较高的情绪易感性，或者同时具有较弱的情绪感染力和较低的情绪易感性。Verbeke（1997）根据情绪感染力和情绪易感性的个体差异将人分为四类：魅力型（强感染力—高易感性）、率直型（强感染力—低易感性）、移情型（弱感染力—高易感性）、麻木型（弱感染力—低易感性）。

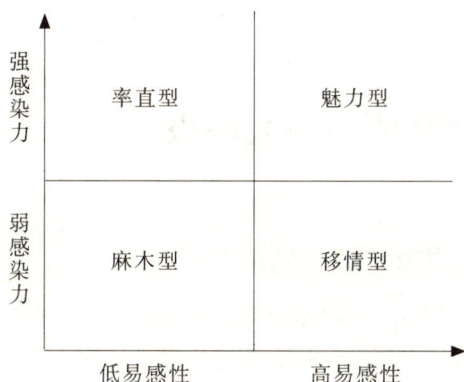

图 3 - 1 基于情绪感染力和情绪易感性的人群分类

　　情绪感染力和情绪易感性是情绪感染过程中的两个要素，它们受到个体差异和文化背景等因素的影响。一方面，从情绪感染力来看，不同人格特质的个体具有不同的情绪感染力。外倾性较强的人善于表达自我，乐于分享信息，他们的情绪感染力也往往较强。不同职业的人在情绪感染力方面也存在差异，从事教师和推销等职业的人具有更强的情绪感染力（Hatfield & Cacioppo，1994）。文化差异也会对情绪感染力产生影响。在不同的文化氛围里，社会成员由于受到不同文化习惯和行为准则的影响，其情绪表达存在差异，因此展现出不同的情绪感染力（Becht & Vingerhoets，2002）。另一方面，情绪感染过程还受到情绪易感性的影响。情绪易感性是指个体对各种情绪刺激的一种内源敏感性，不同的人对相同的情绪刺激可能出现不同反应，这种反应可以通过情绪易感性量表来测量（Doherty，1997）。一些学者探讨了情绪易感性和人口特质的关系，大量研究表明，女性比男性更能准确地判断情绪信号和解读情绪线索（Hampson，2006），她们的情绪易感性更高（Kelly et al.，2001）。在一定年龄范围内，年龄大的比年龄小的人情绪易感性更低。随着年龄的增长，人的情绪易感性不断下降（Pasupathi，1999）。学历高的人比学历低的人情绪易感性更低，因为学历高的人更倾向于从理性认知的角度看待问题，其情绪易感性更低（成达建，2011）。可见，情绪感染的效用很大程度上受到个体差异的影响，而情绪感染力和情绪易感性是影响情绪感染作用的直接因素。

3.2　概念模型与研究假设

3.2.1　总体构想与概念模型

本书以口碑传播理论和情绪感染理论为基础，以网络环境为背景，以旅游博客情绪展示为自变量、博客浏览者情绪反应为中介变量、博客浏览者的旅游意向为因变量来构造概念模型，并重点讨论博客内容情绪感染力和博客浏览者情绪易感性的调节效应。

旅游活动是一项体验性很强的消费活动。为了降低购买风险，体验型产品的购买者会比搜索型产品的购买者更倾向于采纳他人的评价和口碑推荐（Nelson，1974）。随着网络的普及，体验型产品的购买者比搜索型产品的购买者更倾向于依赖和接受网络口碑（Bei et al.，2004）。可见，网络旅游口碑对旅游者的态度和行为有重要影响，而博客作为网络旅游口碑传播的重要载体，其直接关系到旅游者的行为意向。因此，本书重点探讨旅游博客对旅游者行为意向的影响。

从社会心理学的角度来看，在口碑内容的传播过程中，不可避免地伴随着情绪的扩散。无论是口碑中的内容还是其伴随的情绪，都会对口碑接受者产生影响。同时，根据消费者行为理论，消费者的行为意向不仅受到理性认知的影响，还同时受到感性情绪的影响。因此，旅游者的行为意向也同时受到认知和情绪的影响。本书重点关注旅游意向形成过程中情绪的作用效果，假设旅游者的积极情绪和消极情绪分别对其旅游意向产生正面和负面影响。

另外，从情绪感染理论来看，个体的情绪会不自觉地受到他人情绪的感染，从而产生与情绪传播者相一致的情绪体验。这种情绪感染作用会受到情绪传播者感染力强弱和情绪接受者易感性高低的影响。因此，本书重点探讨情绪感染力和情绪易感性在情绪感染过程中的调节效应。

综上所述，在对国内外文献进行梳理和总结的基础上，提出本书的概念模型，图3-2中箭头表示研究假设的各种变量之间的关系。研究设想说明如下：

（1）自变量：旅游博客展示的积极情绪和消极情绪，本书中主要指博主通过博客文字表达出来的个人情绪。

（2）因变量：博客浏览者的旅游意向，主要指旅游者对该旅游地的认可程度和今后去该地旅游的意愿程度。

（3）中介变量：博客浏览者阅读博客后的情绪反应，包括积极情绪和消极情绪。

（4）控制变量：博客浏览者的初始情绪、对情境熟悉程度、人口统计特征。本书在控制上述变量的前提下探讨博客情绪展示对旅游意向的影响。

（5）操纵变量：旅游博客的情绪展示（积极/消极）、情绪感染力（强/弱）、情绪易感性（高/低）。本书在操纵上述变量的前提下探讨博客情绪展示对博客浏览者情绪的影响。

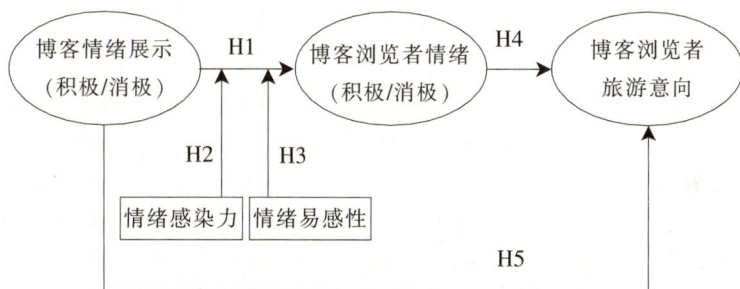

图 3 - 2　概念模型

3.2.2　立论依据与研究假设

1. 情绪感染的作用

情绪感染作用普遍存在于个体的社会交往过程中，也存在于服务营销活动中（Pugh，2001），它可能是有意识的，但大多数情况下是无意识的反应。根据情绪感染理论，人的情绪除了可以通过面部表情、声音语言、肢体动作和行为举止来感染他人，还可以通过"语言联想调节机制"发生感染作用。语言或文字描述能激发他人产生与所描述情景相似的想象，进而产生与描述者相一致的情感感受（Hoffman，2002）。而网络口碑主要是通过文字描述进行传播的，在口碑内容的传播过程中往往伴随着情绪的扩散。情绪化网络口碑比非情绪化网络口碑具有更大的说服效果（Qiu et al.，2008）。博主在旅游博客上进行口碑传播时，一般都会进行情绪展示，尤其是传播态度明确的正面口碑或负面口碑时，情绪展示会更加明显。这种展示经常通过文字描述来表现，其包括积极情绪展示和消极情绪展示。根据情绪感染理论，博客浏览者在阅读具有情绪展示的博客后，会产生与文字描述情景相似的想象，进而产生与博主相一致的情绪。因此，如果博客展示的情绪是积极的，博客浏览者的情绪也会趋于积极；同理，如果博客展示的情绪是消极的，博客浏览者的情绪也会趋于消极。根据上述推论，提出以下假设：

H1：博客情绪展示影响博客浏览者情绪。

H1a：博客积极情绪展示对博客浏览者积极情绪有正向影响。

H1b：博客积极情绪展示对博客浏览者消极情绪有负向影响。

H1c：博客消极情绪展示对博客浏览者积极情绪有负向影响。

H1d：博客消极情绪展示对博客浏览者消极情绪有正向影响。

2. 情绪感染力的调节效应

情绪感染的效应不仅受到情绪本身的极性影响，还受到个体差异的影响。情绪感染过程中的个体包括传播者和接受者。其中，情绪传播者可以通过情绪影响其他人，影响能力强的传播者被认为具有较强的情绪感染力，他们倾向于展现自己；影响能力弱的传播者被认为具有较弱的情绪感染力，他们不善于展现自己和表达自我。情绪感染力受到个体差异和文化背景等因素的影响。首先，不同人格特质的人具有不同的情绪感染力。外倾性较强的人善于表达自我，乐于分享信息，他们的情绪感染力也往往较强。其次，不同职业的人在情绪感染力方面也存在差异，从事教师和推销等职业的人具有更强的情绪感染力（Hatfield & Cacioppo，1994）。另外，文化差异也对情绪感染力产生影响。在不同的文化氛围里，社会成员由于受到不同文化习惯和行为准则的影响，其情绪表达存在差异，因此展现出不同的情绪感染力（Becht & Vingerhoets，2002）。从已有文献中可以得知，情绪感染力是情绪感染过程中的重要因素，它在"情绪展示对个体感知的影响"中起到调节作用（Moore，Harris & Chen，1995）。网络口碑中传播者的情绪可以通过博客来展示，其情绪感染力可以通过博客中的文字来体现，博客感染力的强弱对情绪感染过程起到调节作用。当情绪感染力越强时，感染作用越大；当情绪感染力越弱时，感染作用越小。根据上述推论，提出以下假设：

H2：情绪感染力在"博客情绪展示对博客浏览者情绪的影响"中存在

调节效应。

H2a：与较弱的情绪感染力相比，较强的情绪感染力能强化"积极情绪展示对积极情绪的正向影响"。

H2b：与较弱的情绪感染力相比，较强的情绪感染力能强化"积极情绪展示对消极情绪的负向影响"。

H2c：与较弱的情绪感染力相比，较强的情绪感染力能强化"消极情绪展示对消极情绪的正向影响"。

H2d：与较弱的情绪感染力相比，较强的情绪感染力能强化"消极情绪展示对积极情绪的负向影响"。

3. 情绪易感性的调节效应

情绪感染作用不仅受到传播者情绪感染力的影响，还受到接受者情绪易感性的影响。情绪易感性是指个体对各种情绪刺激的一种内源敏感性。容易被他人情绪影响的人被认为具有较高的情绪易感性，他们倾向于关注他人；不容易被他人情绪影响的人被认为具有较低的情绪易感性，他们不太关注他人。不同特征群体的情绪易感性存在差异。从性别来看，女性比男性更能准确地判断情绪信号和解读情绪线索（Hampson，2006），她们的情绪易感性更高（Kelly et al.，2001）。从年龄来看，在一定年龄范围内，年龄大的比年龄小的人情绪易感性更低。随着年龄的增长，人的情绪易感性不断下降（Pasupathi，1999）。从教育背景来看，学历高的人比学历低的人情绪易感性更低，因为学历高的人更倾向于从理性认知的角度看待问题，其情绪易感性更低（成达建，2011）。从已有文献中可以得知，情绪易感性是情绪感染过程中的重要因素，它在"情绪展示对个体感知的影响"中起到调节作用。本书认为，博客浏览者由于存在性别、年龄、学历和职业等个体差异，其情绪易感性也不相同，不同的情绪易感性在情绪感染过程中起到的调节作用也有所不同。当情绪易感性越高时，感染作用越大；当情绪易感性越低时，感染作用越小。根据上述推论，提出以下假设：

H3：情绪易感性在"博客情绪展示对博客浏览者情绪的影响"中存在调节效应。

H3a：与较低的情绪易感性相比，较高的情绪易感性能强化"积极情绪展示对积极情绪的正向影响"。

H3b：与较低的情绪易感性相比，较高的情绪易感性能强化"积极情绪展示对消极情绪的负向影响"。

H3c：与较低的情绪易感性相比，较高的情绪易感性能强化"消极情绪展示对消极情绪的正向影响"。

H3d：与较低的情绪易感性相比，较高的情绪易感性能强化"消极情绪展示对积极情绪的负向影响"。

4. 情绪对行为意向的影响

人在产生情绪的时候，相关的行为意向也随之产生，两者几乎同时发生（Lewis，2005）。可见，情绪对行为意向有至关重要的作用。它既可以直接影响顾客行为意向（Ryu & Jang，2008；沈鹏熠，2011），也可以通过满意感、信任等因素来间接影响顾客行为意向（沈鹏熠，2011；庞芳，2013）。积极情绪和消极情绪对行为意向的影响是不同的。积极情绪往往会正向影响顾客的消费意向、重购意向和信息采纳意向等（马庆国等，2009；于尚艳，2013）；消极情绪会负向影响顾客的消费意愿和重购意向等（赵延昇、王永，2012）。另外，情绪对行为意向的影响还体现在中介作用上。积极情绪和消极情绪可以在"顾客感知对其行为意向的影响"中起到部分中介或完全中介的作用（刘力等，2010；张初兵等，2014）。

情绪对行为意向的影响同样适用于旅游研究领域。无论是强烈的还是缓和的积极情绪与消极情绪均对旅游者的推荐意向和重游意向有显著影响（白凯等，2010）。本书认为，在网络背景下，网络信息内容及其特性等因素均能对旅游者情绪产生影响，进而影响其旅游意向（程霞等，2011）。旅游博客是网络信息的重要载体，其传达出来的情绪也会对博客浏览者情绪产生影响，最终影响其旅游意向。根据上述推论，提出以下假设：

H4：博客情绪展示影响博客浏览者的旅游意向。

H4a：博客积极情绪展示对旅游意向有正向影响。

H4b：博客消极情绪展示对旅游意向有负向影响。

H5：博客浏览者情绪影响其旅游意向。

H5a：博客浏览者积极情绪对旅游意向有正向影响。

H5b：博客浏览者消极情绪对旅游意向有负向影响。

H6：博客浏览者情绪在"情绪展示对旅游意向的影响"过程中起到中介作用。

H6a：博客浏览者积极情绪在"情绪展示对旅游意向的影响"中起到中介作用。

H6b：博客浏览者消极情绪在"情绪展示对旅游意向的影响"中起到中介作用。

探索性研究

4.1　研究方法

本章对旅游博客情绪展示进行探索性研究，通过对不同身份、不同性别博主的博客进行分析，验证积极情绪和消极情绪展示在旅游博客中的普遍性；利用内容分析法探讨情绪展示的主要方式及其影响力大小；并研究旅游博客不同情绪展示对博客浏览者的情绪和旅游意向的影响。本章的相关研究结果为下一章实证分析的假设提出和实验设计提供现实依据。最后，本章比较明星旅游博客与普通人旅游博客情绪展示方式及其影响的异同，其相关结论为营销管理实践提供了思路。

4.1.1　博客文本的选择

为了保证研究的全面性和客观性，本书研究的博客涵盖范围较广。描述对象包括国内旅游地和国外旅游地；描述内容包括自然景色、服务质量和硬件设施等；博主包括普通人和明星。

关于旅游博客的筛选标准，主要从以下三个方面考虑：首先，从博客平台来看，选择国内知名度高的、代表性强的旅游博客平台作为研究对象。通过小组访谈和网络研究，最终选定新浪、腾讯、搜狐、天涯、携程、金华网和猫扑七大博客平台。其次，从时间范围来看，尽量选择在2010 年之后发表的博客文本，但由于明星博客更新较慢，且涉及旅游的博文不多，其时间范围可以稍微放宽。另外，从博客受关注度来看，选择人气非常高的旅游博客：如果博主是普通人，其单篇旅游博客的浏览人数需达1 000 人以上，评论数达 10 条以上；如果博主是明星，其单篇旅游博客的浏览人数需达 10 000 人以上，评论数达 100 条以上。

4.1.2　博客文本的处理

在浏览近百篇旅游博客后，根据上述原则，筛选出 80 余篇符合要求的博客，并对其进行处理。首先，对存在以下情况的博客予以剔除：文字过少或没有文字描述的旅游博客；企业以营销为目的而找人代写的旅游博客；网民以抹黑某地或某人为目的而撰写的旅游博客；明星以记录工作行程或宣传影视作品为主要目的的旅游博客。其次，将同一位博主描述同一目的地的博客进行合并，例如，某博主写了"新西兰之行（一）、新西兰之行（二）、新西兰之行（三）" 3 篇博客，将其合并为 1 篇博客，总称为"新西兰之行"。然后，通过初步判断，对剩下的博客进行分类，分为积极情绪展示和消极情绪展示两大类，其中，积极情绪展示的博客又细分为普通人博客和明星博客两个亚类。出于形象塑造的考虑，明星一般不会发表消极情绪展示的博客。因此，消极情绪展示博客的博主均为普通人。最后，按照浏览人数（从多到少）对 3 组博客进行排序和编号，普通人积极情绪展示的博客编号为 A1、A2……，明星积极情绪展示的博客编号为 B1、B2……，消极情绪展示的博客编号为 C1、C2……

经过以上处理过程，最终筛选出 50 篇旅游博客作为研究对象，其中，积极情绪展示的 30 篇（普通人 20 篇，明星 10 篇），消极情绪展示的 20 篇。

4.2　旅游博客情绪展示的方式

旅游博客展示的情绪包括积极情绪和消极情绪。博主可以通过文字、图片、动画、音乐和视频等形式来表现这两种情绪。为了验证这一判断、为下一章实证研究中实验法的文本设计提供依据，本部分通过内容分析来探索旅游博客情绪展示的方式及其特征。为了在博客营销管理方面提供更实用的思路，本部分对普通人和明星的旅游博客情绪展示及其影响作用的异同进行比较。

4.2.1　旅游博客积极情绪展示

从搜狐、新浪和腾讯博客平台中筛选出积极情绪展示的旅游博客共 30 篇，其中普通人旅游博客 20 篇，明星旅游博客 10 篇。

1. 普通人的旅游博客情绪展示

对筛选出的 20 篇普通人旅游博客进行内容分析，对其积极情绪展示方式进行研究。表 4-1 列出了其中 10 篇旅游博客的基本情况及其主要情绪展示方式。它们来自搜狐、新浪和腾讯博客平台，其中，描写国内旅游的

5篇，国外旅游的5篇；男性博主7人，女性博主3人。"词语"一栏是指博客浏览者阅读完旅游博客后的情绪，其所列的词语均摘自博客原文，未作任何修改。"语气助词"一栏是指博主是否使用表达情绪的助词，如啊、吧、哈、呢、耶。"标点符号"一栏是指博主是否使用表达情绪的标点，如感叹号、疑问号和省略号。"修辞手法"一栏是指博主是否使用表达情绪的修辞，如比喻、引用和夸张等。"动画表情"一栏是指博主是否使用表达情绪的动画（主要是博客平台自带的动画表情）。"图片数量"一栏是指博主发布的图片数量。

表 4-1　旅游博客积极情绪展示（普通人）

序号	博客平台	旅游地	博主性别	情绪展示方式					
				词语	语气助词	标点符号	修辞手法	动画表情	图片数量（幅）
A1	搜狐	华山	男	惊险	√		√		20
A2	搜狐	沙巴	男	幸福、开心、刺激	√				20
A3	新浪	丹霞山	男		√		√		20
A4	搜狐	墨西哥	男	神清目爽			√		20
A5	搜狐	九寨沟	女	爽	√	√			20
A6	腾讯	拉萨	男						10
A7	腾讯	瑞士	男		√	√	√	√	20
A8	腾讯	不丹	女	惊叹	√				20
A9	腾讯	泰山	男	心旷神怡	√				20
A10	腾讯	法国	女	温馨、浪漫	√			√	20

（1）情绪展示方式。通过对20篇普通人旅游博客的内容分析，可以发现，旅游博客中的积极情绪展示普遍存在，主要有开心、幸福、刺激、心旷神怡等，其具体表现形式多种多样，包括文字、动画、图片、音乐和视频等方式。其中，文字表达是最常见的方式。首先，博主可以通过文字直接表达情绪，如开心、幸福、刺激和惊险等；其次，可以采用语气助词

强化情绪表达，如啊、吧、哦、呢、耶；再者，可以利用标点符号表达情绪，如感叹号、疑问号和省略号；另外，通过比喻、夸张和引用诗词等修辞手法来抒发情绪的也较为常见，例如，腾讯博客的一位旅游者（A9）描写登泰山的感受：身在迷雾中，真似升仙了。还有一位搜狐博客的旅游者（A4）赞叹到：墨西哥有好多这样的天坑，它们就像藏在墨西哥美丽土地上的绿宝石。

除了文字以外，图片是博主展示积极情绪的普遍方式。从筛选出来的博客来看，每篇旅游博客都有图片展示，且以数量为20幅的居多。图片分为两种，一种是纯粹的风光照，其主要传递出来的情绪是宁静、安详等；另外一种是博主本人的照片，其主要传递出来的情绪是开心、愉快和刺激等。

除了图片以外，博主还喜欢用动画表情来展示积极情绪，这一点在年轻人身上体现得较为明显。

（2）情绪感染力。首先，除了语气助词、标点符号、修辞手法和动画表情等可以强化旅游博客的积极情绪展示以外，通过文字描述将美丽环境与灰霾环境进行对比、幽静环境和嘈杂环境进行对比可以增强博客的感染力。例如，新浪博客的一位旅游者（A3）写道：当雾霾中的北京还没有从漫长冬季苏醒时，岭南的春天已经让韶关丹霞山漫山遍野开满五颜六色的花朵。搜狐博客的一位旅游者（A5）描写九寨沟：游客很少，景区的观光车更是井然有序，甚至有时候还在站头等我们，景区里真是幽静，听得见清脆的鸟语和潺潺的溪水声。嘿嘿，难以想象这里曾经人山人海、人声鼎沸……水，还是一如既往的碧蓝澄净、清澈见底，万籁俱寂间，仿佛静得听得见落叶的声音。

其次，旅游博客中的视频展示能极大地增加其情绪感染力。例如，腾讯博客的一位旅游者（A6）通过视频、独白及背景音乐，渲染了日常生活的枯燥和乏味，突显了他从旅游活动中获得的快乐和满足。

最后，值得注意的是，一些博主在情绪展示的同时表现出明显的推荐意向，例如，搜狐博客的一位旅游者（A2）写道：（沙巴）迪加岛一定是你的最爱。一日游结束了，远去的水屋，那蓝天碧海，再见。

2. 明星的旅游博客情绪展示

对筛选出的10篇明星旅游博客进行内容分析，对其积极情绪展示方式进行研究。表4-2列出了10篇旅游博客的基本情况及其主要情绪展示方式。为了保证博主身份的真实性（网上冒充明星身份的博客很多），主要从新浪博客的"名录"中选择明星博客。博主身份是演员、主持人、歌手或媒体人，其中，男性 2 人，女性 8 人。由于明星的出国机会较多，其描写的均是国外旅游。

表 4 - 2　旅游博客积极情绪展示（明星）

序号	博客平台	旅游地	博主姓名/身份	情绪展示方式				
				词语	语气助词	标点符号	动画表情	图片数量（幅）
B1	新浪	澳大利亚	李湘 主持人	喜欢、开心	√		√	20
B2	新浪	埃及	杨幂 演员	震撼	√		√	4
B3	新浪	印尼 巴厘岛	马伊琍 演员	迷恋、开心、还会再去	√	√		9
B4	新浪	新西兰	洪晃 媒体人	兴高采烈				8
B5	新浪	南非 开普敦	徐静蕾 演员	自在	√		√	1
B6	新浪	美国 纽约	伊能静 歌手	自由自在、充满期待	√		√	7
B7	新浪	新加坡	李冰冰 演员	很喜欢这里	√	√	√	6
B8	新浪	南非 开普敦	聂远 演员	开心、快乐	√	√		12
B9	新浪	以色列	梅婷 演员	兴奋、带劲	√	√		10
B10	腾讯	新加坡	孟非 主持人		√			20

（1）情绪展示方式。通过对 10 篇明星旅游博客的内容分析，可以发现，与普通人旅游博客一样，明星旅游博客中的积极情绪展示也普遍存在，其具体表现形式也包括文字、动画和图片等。但与普通人相比，明星对这些表现方式的偏好有所差异。首先，从词汇表达来看，明星旅游博客更倾向于直接抒发情绪，经常用到的词语有开心、快乐和喜欢等。这可能与其活泼外向和乐于表达的个性特征有关。其次，明星旅游博客中的语气助词和动画表情出现频率较高。这可能与其面对的受众以年轻人为主有关。另外，明星旅游博客通过修辞手法展示情绪的非常少。这可能与其工作档期太满、没时间精心修饰语言有关，当然也不能排除其文学修养不足的原因。最后，从明星旅游博客的图片展示来看，其数量也较普通人旅游博客的要少得多。

（2）情绪感染力。从本研究选取的明星旅游博客来看，由于情绪展示方式较单一，其博客本身的情绪感染力并不强。尤其是一些男明星的旅游博客，可能是由于自身个性的原因或形象塑造的需要（向公众传递硬朗的男人气质形象），几乎没有个人情绪的展示。但也有个别女明星的旅游博客用较详细的文字展示了个人情绪，例如，演员马伊琍（B3）在巴厘岛游记中写道：懒洋洋，笑眯了眼睛，坐着靠着荡着游着，一切的节奏都舒缓下来，度假的人们总盼望时间凝固，于是，慢一点再慢一点，笑得再灿烂一点……

4.2.2 旅游博客消极情绪展示

从搜狐、新浪、腾讯、天涯、猫扑、金华网和携程等知名博客平台筛选出消极情绪展示的旅游博客共 20 篇并进行内容分析，对其消极情绪展示方式进行研究。表 4 - 3 列出了其中 10 篇博客的基本情况及其主要情绪展示方式。这 10 篇均为描写国内旅游的，其中男性 3 人，女性 3 人，有 4 人未透露性别。

表4-3　旅游博客消极情绪展示

序号	博客平台	旅游地	博主性别	情绪展示方式				
				词语	语气助词	标点符号	修辞手法	图片数量（幅）
C1	天涯	西安	男	生气	√	√		0
C2	金华网	金华双龙洞	未透露	郁闷、恶劣		√	√	0
C3	猫扑	九华山	女	可耻	√	√	√	1
C4	猫扑	云南	男	忐忑	√	√		0
C5	新浪	西双版纳	未透露	坑死了	√	√		0
C6	新浪	丽江	未透露	无语、后怕	√	√	√	0
C7	猫扑	阳朔	女	郁闷、生气、不舒服	√	√		0
C8	天涯	北京	未透露	气愤、生气	√	√	√	0
C9	腾讯	川西	女	愤怒、气愤	√	√		20
C10	携程	上海世博园	男	不愉快、气愤、失望	√	√		0

1. 情绪展示方式

通过对20篇旅游博客的内容分析，可以发现，旅游博客中的消极情绪展示普遍存在，主要有生气、愤怒、失望和郁闷等，其具体表现形式有文字、动画和图片等。其中，文字表达是最常见的方式，首先，博主可以通过文字直接表达情绪，例如，新浪博客的一位旅游者（C5）描述了在西双版纳旅游的气愤情绪：坑死了！这完全就是欺诈！其次，与积极情绪一样，消极情绪也可以通过语气助词和程度副词得到强化，如啊、吧、哦、呢等。再者，可以利用标点符号表达消极情绪，最常见的是感叹号，例如，一位新浪博客的旅游者（C6）写道：谁知道竟会遇到这样的奇葩！这样丧尽天良的黑店黑商家！还有旅游购物的众多陷阱！真是无语了！我不想我们这些去丽江旅游的消费者就这么被欺骗，请丽江有关部门解决此事！！！也同时希望相关部门对此类问题高度重视！！！另外，通过反语、反问和反复等修辞手法来抒发消极情绪的也较为常见，例如，天涯社区的一位旅游者（C1）在西安旅游后写道：什么叫店大欺客，你想学习和领会这个俗语，就一定要去。还有一位新浪博客的旅游者（C6）写道：为什么游客一而再再而三地上当受骗，但此类商户还是存在，而且那么明目张胆地欺骗客户！就真的没人管吗？一位天涯社区的旅游者（C1）写道：……不值得，不值得啊！

与积极情绪不同的是，旅游博客中的消极情绪很少通过动画和图片进行展示。本研究选择的 20 篇消极情绪展示博客中，仅有 3 篇有图片展示，没有一篇有动画表情。这可能是因为博主情绪消极时，没有心情上传图片或插入动画表情。即使极少数博主上传了图片，他们也不是为了渲染其消极情绪，而是将图片作为自己遭受不公待遇的证据或报复店家的手段（公布其店名、店址，曝光其不良行为）。

2. 情绪感染力

除了语气助词、标点符号和修辞手法等可以强化旅游博客的消极情绪展示，博主还经常采用夸张的描述发泄消极情绪，例如，一位猫扑网的旅游者（C7）写道：此次阳朔旅游，印象非常深刻。不是风景美丽，而是恶劣的服务态度让人吐血。甚至有一些博主因情绪不能自控而在博客上说脏话。虽然这种方式有些欠文明，但其在一定程度上增强了博客的消极情绪感染力。

4.3 博客情绪展示对博客浏览者的影响

本部分通过对旅游博客的评论进行分析，探讨博客积极情绪和消极情绪展示对博客浏览者的不同影响，并分析情绪感染力在其中的作用。

4.3.1 旅游博客积极情绪展示的影响

首先，对 20 篇普通人旅游博客进行内容分析，对其积极情绪展示的影响进行研究。表 4-4 列出了其中 10 篇旅游博客对博客浏览者情绪和旅游意向的影响。"情绪反应"一栏是指博客浏览者阅读完博客后的情绪。"旅游意向"一栏是指博客浏览者阅读完博客后想去该地旅游的意愿。

表4-4　旅游博客积极情绪展示的影响（普通人）

序号	博客平台	旅游地	情绪反应	旅游意向	博文人气指数（人）
A1	搜狐	华山	震撼、刺激	（想）去体验一下； 很想尝试下； 值得体验一下	浏览（404 599） 评论（242）
A2	搜狐	沙巴	欢乐、开心	好想去啊！ 感觉很好玩； 看着都好玩	浏览（14 767） 评论（31）
A3	新浪	丹霞山	震撼、有趣	有机会（去）看看	浏览（10 897） 评论（37）
A4	搜狐	墨西哥	喜欢		浏览（5 534） 评论（100）
A5	搜狐	九寨沟	欣赏	明年要去	浏览（2 469） 评论（20）
A6	腾讯	拉萨	羡慕、感动、喜欢	有机会我也想去； 希望有一天沿着你走的路线走一遍； 我也想去； 明年我也想去； 明年我也要上路	评论（105）
A7	腾讯	瑞士	向往、羡慕、开心	人间的天堂，我梦中向往的地方	评论（73）
A8	腾讯	不丹	羡慕、心旷神怡、激动		评论（59）
A9	腾讯	泰山	羡慕、佩服	心向往之	评论（22）
A10	腾讯	法国	羡慕、开心		评论（10）

注：不同博客平台的人气指标略有不同。

可见，博主的积极情绪对博客浏览者有明显影响，多数博客浏览者阅读完积极情绪展示的旅游博客后充满喜悦，用文字或动画表达自己的欢乐、开心和喜欢，并对博客描述的美景发出由衷的赞叹，例如，一位搜狐的网友评论到：这静谧，才是天堂！另一位网友评论说：最后一张（图片）如梦如幻，天堂亦不过如此。让人震撼的图片，让人深思的解说！三个字：非常棒！而且，大多数博客浏览者表达出对博客所描述旅游地的向往，例如，有网友表示：很想尝试下。另外，值得注意的是，有视频展示积极情绪的旅游博客对博客浏览者旅游意向的影响明显要高于没有视频展示的旅游博客，例如，腾讯博客的一位旅游者（A6）通过视频、独白及背景音乐，渲染了他从旅游活动中获得的快乐和满足。该博客的浏览者反应强烈，纷纷表示：有机会我也想去，希望有一天沿着你走的路线走一遍等。

其次，对 10 篇明星旅游博客进行内容分析，对其积极情绪展示的影响进行研究。表 4-5 列出了 10 篇旅游博客对浏览者情绪和旅游意向的影响。

表 4-5 旅游博客积极情绪展示的影响（明星）

序号	博客平台	旅游地	博主姓名/身份	情绪反应	旅游意向	博文人气指数（人）
B1	新浪	澳大利亚	李湘主持人	羡慕	我也想去；好想去	阅读（926 674）评论（1 099）收藏（22）转载（21）
B2	新浪	埃及	杨幂演员	羡慕、高兴	也好想去；好向往	阅读（277 534）评论（769）收藏（170）转载（203）
B3	新浪	印尼巴厘岛	马伊琍演员	真不错、羡慕	（想去）可惜没条件去	阅读（264 135）评论（1 198）收藏（37）转载（54）

（续上表）

序号	博客平台	旅游地	博主姓名/身份	情绪反应	旅游意向	博文人气指数（人）
B4	新浪	新西兰	洪晃媒体人	向往、羡慕、喜欢	想去； 下次也去试试； （想）赶快抽时间去； 我也要去； 看了想去	阅读（214 881） 评论（316） 收藏（44） 转载（104）
B5	新浪	南非开普敦	徐静蕾演员	激动	（想）什么时候也去玩	阅读（194 094） 评论（495） 收藏（15） 转载（9）
B6	新浪	美国纽约	伊能静歌手	羡慕	多给点推荐啊	阅读（153 882） 评论（308） 收藏（18） 转载（37）
B7	新浪	新加坡	李冰冰演员	向往	想去玩玩； 考虑（去新加坡旅游）； 也想去；希望以后能去； 有机会一定要去玩	阅读（68 214） 评论（593） 收藏（3） 转载（11）
B8	新浪	南非开普敦	聂远演员	羡慕、惬意、快乐、愉快、欢乐、高兴、喜欢	我也想去	阅读（15 376） 评论（102） 收藏（7） 转载（1）
B9	新浪	以色列	梅婷演员	开心	也想去	阅读（11 776） 评论（140） 收藏（8） 转载（56）

（续上表）

序号	博客平台	旅游地	博主姓名/身份	情绪反应	旅游意向	博文人气指数（人）
B10	腾讯	新加坡	孟非 主持人	向往	想去新加坡吃美食	赞（122） 评论（30） 分享（75） 转载（109）

注：不同博客平台的人气指标略有不同。

可见，明星博主的积极情绪对博客浏览者的影响更为明显。虽然明星旅游博客的文字描述较简单，图片也不多，且极少使用视频等展示方式，但博客浏览者的情绪反应较强烈，表达也较直白，例如，博客浏览者看完旅游博客后表示开心、羡慕、激动等。而且，博客浏览者在阅读完明星旅游博客后表现出强烈的旅游意向，例如，有网友表示：我也想去等。

4.3.2 旅游博客消极情绪展示的影响

通过对20篇普通人旅游博客进行内容分析，对其消极情绪展示的影响进行研究。表4-6列出了其中10篇旅游博客对博客浏览者情绪和旅游意向的影响。"情绪反应"一栏是指博客浏览者阅读完博客后的情绪，"旅游意向"一栏是指博客浏览者阅读完旅游博客后想去该地旅游的意愿。

表4-6 旅游博客消极情绪展示的影响

序号	博客平台	旅游地	情绪反应	旅游意向	博文人气指数（人）
C1	天涯	西安	失望、郁闷、担心、害怕	不（会）去； 本想今年夏天和朋友去看看的，修改计划，不去了； 不想去了； 不敢去！不是很想去	浏览（16 599） 评论（180）

（续上表）

序号	博客平台	旅游地	情绪反应	旅游意向	博文人气指数（人）
C2	金华网	金华双龙洞	失望、愤怒		浏览（3 752）评论（24）
C3	猫扑	九华山	气愤		浏览（3 011）评论（10）
C4	猫扑	云南	同情		浏览（2 711）评论（29）
C5	新浪	西双版纳	同情、生气		浏览（2 411）评论（11）
C6	新浪	丽江	同情、生气		浏览（1 853）评论（10）
C7	猫扑	阳朔	愤怒	记住不去这个酒店了；中国景点这么坑爹！看来不去旅游好了	浏览（1 106）评论（10）
C8	天涯	北京	生气		浏览（1 090）评论（12）
C9	腾讯	川西	同情		评论（10）
C10	携程	上海世博园	同情、失望、生气		评论（13）

注：不同博客平台的人气指标略有不同。

可见，博主的消极情绪对博客浏览者有明显影响，多数博客浏览者阅读完消极情绪展示的旅游博客后，表达了自己对博主遭遇的同情。而且，博客浏览者自己情绪也受到了负面影响，其表达出的消极情绪主要有：郁闷、失望、生气、气愤，甚至有网友表示出极端情绪。但是，在这种明显消极情绪下，只有少数博客浏览者明确留言表示不会去旅游博客所描述的旅游地，例如，有网友表示：本想今年夏天和朋友去看看的，修改计划，不去了。另外，值得注意的是，并不是消极情绪展示越强烈，对博客浏览者的感染作用越强。情绪渲染得过于强烈反而让人怀疑发帖者的动机。例如，天涯社区的一位博主对其在西安的旅游进行了描述，表达了对景区、旅行社、交通、餐饮、住宿、治安、当地居民和工作人员的强烈不满情绪。但从博客浏览者的评论来看，很多人怀疑博主的发帖动机及其所描述内容的真实性。博客浏览者认为：没这么夸张吧？没那么可怕吧？楼主是个偏激的人，说了些半真半假的话。（楼主是）故意抹黑西安。

4.4 研究推论

通过对旅游博客情绪展示的探索性分析，可以得出以下推论：

（1）情绪展示在旅游博客中普遍存在。无论是描述国内旅游地还是国外旅游地的博客，无论是描述自然景色还是服务质量或硬件设施的博客，无论博主性别是男还是女，身份是普通人还是明星，这些博客中都存在不同程度的情绪展示。

（2）旅游博客情绪展示的方式多样，主要有文字、图片、动画、音乐和视频等，其中，文字是最常见的方式。

（3）从旅游博客情绪展示的影响力来看，语气助词、标点符号、修辞手法和动画表情等可以强化旅游博客的情绪感染力；视频展示能极大地增强情绪感染力。但同时也要注意情绪展示的度，过犹不及。

（4）从博客浏览者的评论可以看出，明星旅游博客的浏览者情绪反应更强烈，旅游意向更明显，这可能与明星旅游博客的受众比较年轻有关。年龄越小，情绪和行为意向越容易被他人影响。

（5）旅游博客展示的情绪对博客浏览者的情绪和旅游意向有影响。积极情绪展示的博客容易使博客浏览者产生积极情绪，产生去该旅游地的意向；消极情绪展示的博客容易使博客浏览者产生消极情绪，对该旅游地产生抵制情绪。

（6）明星旅游博客情绪展示方式较单一，文字描述较简单，图片也不多，且极少使用视频等展示方式，本身的情绪感染力并不强；但明星旅游博客对博客浏览者的情绪和旅游意向影响较明显。因此，利用明星旅游博客进行旅游营销活动可能会起到事半功倍的效果。

实证研究设计

5.1　基本设计

实证研究的基本设计包括主要研究方法、数据搜集过程、数据分析方法等设想。

5.1.1　主要研究方法设计

本书主要使用的研究方法是实验法。它是指通过控制某些实验条件，使一个或几个自变量能够受到操纵，从而对关于因变量的某个假设进行检验。也就是说，在实验过程中，调研人员要操纵自变量/实验变量，并检验这种操纵对因变量的影响（David et al.，2004）。实验法最基本的原则就是先操纵实验变量（例如，X），然后再对反应变量（例如，Y）进行观察。如果在控制其他变量的前提下，X 使 Y 发生了变化，且变化的方式和假设所指出的一致，那么，就说 X 导致了 Y。可见，实验法的一个重要作用是检验变量之间的因果关系。而存在因果关系的情况应满足以下条件：变量之间存在相关关系；事件的发生存在适当的时间顺序；不存在其他可能的原因性因素。其中，第三个条件是最难证明的，它是实验法的关键。学术界一般通过处理控制变量来达到第三个条件。

控制变量是指那些除了实验因素以外的所有影响实验结果的变量，这些变量不是实验所要研究的变量，所以又称无关变量。可以用四种方法来处理控制变量：①随机化。它是指随机地分配受访者，以便研究者合理地假设与受访者特征相关的外来因素在每种处理条件下相等地出现，从而消除外来因素的影响。②物理控制。它是指以某种方法保证外来因素的值或水平在实验过程中保持不变。③设计控制。它是指通过一些特殊形式的实验设计达到对外来因素的控制。④统计控制。它是指如果实验过程中外来因素能被证明和测量，那么可以通过一些数理统计方法（如协方差分析）来解释外来因素。

另外，操纵变量的处理是实验法的另一个难点。研究人员需要操纵某些自变量或调节变量的值或水平，观测实验对象在这些不同水平下的反应，并检验其反应是否与假设相符。由于要观测操纵前后的数据变化，实验法的持续时间一般较长，其结果往往容易受到外部环境变化、样本个体变化等因素的干扰。若操纵变量有两个或两个以上，它们之间可能存在交互作用，这进一步增加了检验的难度。

实验法虽然存在成本高、费时长、变量难控制和难操纵等缺点，但其在检验变量之间的因果关系方面存在显而易见的优势。因此，根据调查目的和内容，本书采用 8 组对比实验法作为主要方法；通过设计控制和统计控制方法来控制外界因素的干扰；通过情境设计来操纵自变量（情绪展示）和调节变量（情绪感染力、情绪易感性）。整个实验过程可以用符号表示为：

$$
\begin{array}{ccc}
O_1 & X_1 & O_2 \\
O_3 & X_2 & O_4 \\
O_5 & X_3 & O_6 \\
O_7 & X_4 & O_8 \\
O_9 & X_5 & O_{10} \\
O_{11} & X_6 & O_{12} \\
O_{13} & X_7 & O_{14} \\
O_{15} & X_8 & O_{16} \\
\end{array}
$$

X 表示实验处理，即研究者想要测量和比较的因素，本书中表示不同操纵变量下的实验情境。

O 表示对实验个体反应的测量，其水平方式表示不同时间的测量（本书中表示受访者阅读博客前后的情绪），纵向方式表示不同组别的测量（本书中表示不同组别的受访者情绪）。

5.1.2 数据搜集过程设计

研究设计的另一项重要内容是数据搜集过程设计。实验法的数据搜集过程主要是"情境展示→题目测试"，即先通过某种方式向受访者展示某种情境，然后让受访者根据情境完成相关题项；其中，情境展示是关键的一个环节，其主要形式有现场模拟、视频展示、电子模拟和文字描述等。①现场模拟是指直接将情境在受访者面前呈现，使受访者有亲临现场的感觉。这种方法的情境最逼真，但经济成本和时间成本最高，工作人员配合难度最大，因此，该方法较少被学界采用。②视频展示是指研究者请演员将实验情境表演出来，并录制成影像资料，播放给受访者观看。相较于第一种方法，该方法成本低一些，也能保证一定的情境真实性，因此，它得到一些学者的认可。但该方法的情境真实性很大程度上取决于演员的表演能力和对研究内容的理解能力，对演员的要求较高。③电子模拟是指用电脑程序设计出虚拟人物或场景将实验情境表现出来。该方法排除了演员能力的干扰，能方便地设计出各种不同的情境，但其对电脑制作技术人员的要求较高，制作费用也高昂。④文字描述是指用文字将实验情境表述出来，受访者通过阅读文字将自己想象成情境中的人物，并作出反应。该方法经济成本和时间成本均较低，且调研地点不受场地限制，但对研究者的文字表达能力要求较高，对受访者的阅读能力也有一定要求。综上，本书针对调研目的和内容，结合自身经济能力和人力资源等因素，选择文字描述的方法进行实验情境展示。受访者通过阅读调查问卷中的一段文字并完成相关题目。

5.1.3　数据分析方法设计

本书主要采用 SPSS 软件进行数据分析，其具体方法有方差分析、因子分析和回归分析等。其中，方差分析主要用于检验情绪展示、情绪感染力和情绪易感性等操纵变量的处理效果；因子分析主要用于检验相关量表的效度；回归分析主要用于检验情绪展示对博客浏览者情绪和旅游意向的影响。

5.2　问卷设计

问卷设计主要涉及控制变量、操纵变量和观测变量的测量。其中控制变量和操纵变量的设计是实验法成功与否的关键；而观测变量的数值是检验研究假设是否成立的重要依据。

5.2.1　控制变量测量

为了保证各实验组尽量少受外部因素（即研究框架以外的变量）的影响，研究者必须对一些可能影响观测结果的变量进行控制。本书中主要的控制变量有初始情绪、情境熟悉程度、人口统计特征。

首先，受访者的初始情绪对实验结果影响较大。假设受访者情绪受实验材料的影响程度相同，那么，相较于初始情绪消极的受访者，初始情绪积极的受访者实验后的积极情绪可能也更高；反之亦然。可见，若忽视初始情绪这一变量，可能会对初始情绪造成的观测变量差异作出错误解释。Keller 等（2003）认为，受访者情绪会影响实验法观测变量数据的有效性，误导研究者做出不正确甚至完全违背事实的判断。因此，必须对受访者的初始情绪进行控制。一些学者为了控制受访者的初始情绪，往往将其带入干净、整洁的实验室，让其聆听一段轻松、柔和的音乐。虽然受访者对实验的好奇和音乐的舒缓能有效调节其初始情绪，但该方法的时间和经济成本超出本研究的承受范围，本研究采用其他两种手段来控制初始情绪。一是正式调研前，研究者借助书籍和网络来学习如何通过表情和动作解读他人情绪，掌握判断他人情绪的技能。在正式调研选择受访者时，研究者通过观察潜在受访者的表情、动作等判断其情绪，尽量选择情绪稳定、平静的对象进行调查。二是在调查问卷的最开始部分，设计判断初始情绪的题目。在杜建刚和范秀成（2009）提出的量表基础上进行修改，用"我现在心情不错""我现在感到高兴""我现在觉得愉快"和"我现在感觉不开心（反向）"4 道题来测量受访者的初始情绪。每道题都采用李克特 5 点尺度法，1～5 表示从"非常不赞同"到"非常赞同"。进行数据分析时，将这 4 道题得分极端、偏离均值较远的样本剔除，以保证各样本的初始情绪处于相近水平。

其次，受访者对实验情境的熟悉程度对实验结果有影响。Schmitt 等（1992）认为，若受访者有过与实验情境中相同或相似的真实体验，其实验结果的有效性更高。在本研究中，用"我在网上看到过类似的博客内容"来测量受访者对实验情境的熟悉程度，并采用李克特 5 点尺度法，1～5 表示从"非常不赞同"到"非常赞同"。进行数据分析时，将这题得分较低、偏离均值较远的样本剔除，以保证各样本对实验情境较为熟悉，且熟悉程度差异不大。

另外，受访者对实验情境的融入程度也在一定程度上影响实验结果。

因为在实验法中，受访者所处的是模拟情境，其感知和体验与真实情境下的反应有所不同。学者们往往用"我能把自己想象为情境中的主人公"等题目来检验受访者的情境融入程度。但本研究的实验情境是"调查问卷上的文字描述"，真实情境是"旅游博客上的文字描述"，两种情境差别不大。因此，假定受访者的情境融入程度较高，不对其进行专门检验。

最后，人口统计特征也可能对实验结果产生影响。本研究中，用"性别""年龄""学历"和"职业"4道题来测量受访者特征。为保证各实验组人口统计特征无明显差异，在实地调研过程中，研究者尽量避免根据个人偏好来选择某类受访者的倾向。同时，在进行统计分析时，慎重检查学历为"初中及以下"、年龄为"51岁及以上"样本的数据有效性，减少变异值对实验结果的干扰。

5.2.2　操纵变量测量

实验法成功与否的关键是操纵变量的选择与设计。本研究中，操纵变量是旅游博客的情绪展示（积极/消极）、情绪感染力（强/弱）、情绪易感性（高/低）。前两个变量通过博客内容进行操纵，第三个变量通过量表测量后再进行分类。

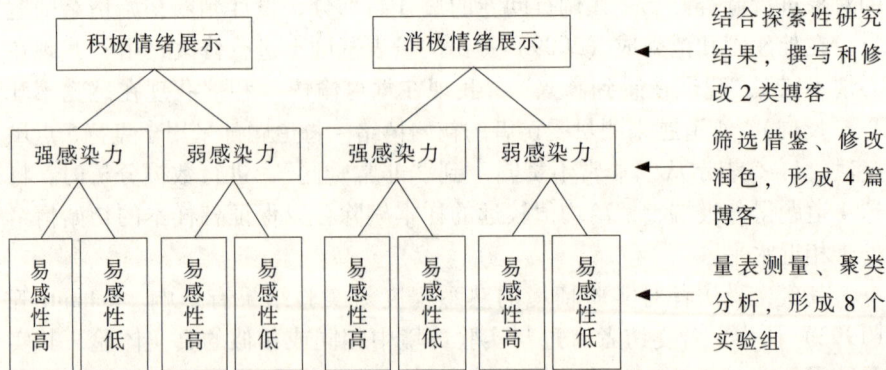

操纵变量处理过程图

1. 情绪展示和情绪感染力
首先，通过广泛浏览携程网、途牛网等知名网站上的旅游博客，发现这些博客提到最多的因素主要有住宿、餐饮和景区等。因此，实验法采用的博客内容也主要涉及这几个方面。

然后，从众多博客中筛选出时间较新、点击率和回复率较高、有代表性的旅游博客，并对其进行修改和润色，形成具有积极情绪展示和消极情绪展示的博客各2篇。为了排除外来因素和刻板印象的干扰，除了将旅游博客内容的博主身份、旅游地点、景点名称等相关信息隐去，并在这4篇博客基本内容不变的基础上，参考语言学相关文献，结合探索性研究结果，通过标点符号、语气助词、句子语序、修辞手法等表达方式的差异，将积极情绪展示的旅游博客分为强感染力和弱感染力2篇，将消极情绪展示的旅游博客也分为强感染力和弱感染力2篇，形成"积极情绪展示—强感染力""积极情绪展示—弱感染力""消极情绪展示—强感染力"和"消极情绪展示—弱感染力"旅游博客共4篇。

接着，将4篇旅游博客发给10位专业人士阅读，并请他们提出意见和建议。在众多有建设性的意见中，值得特别重视的是：旅游博客的文字表达是否有效区分了"感染力"和"认可程度"？即要保证"积极情绪展示—强感染力"和"积极情绪展示—弱感染力"这组旅游博客只存在"感染力强弱"的差异，不存在"认可程度"的差异。"消极情绪展示—强感染力"和"消极情绪展示—弱感染力"这组旅游博客也是同理。

表5-1 博客内容设计咨询人员信息

序号	工作单位	专业	学历
1	中山大学	旅游管理	博士
2	华南师范大学	旅游管理	博士
3	华南师范大学	旅游管理	博士
4	暨南大学	旅游管理	博士
5	广东财经大学	旅游管理	博士
6	广东财经大学	旅游管理	博士
7	华南农业大学	旅游管理	博士
8	北京林业大学	旅游管理	博士
9	河南理工大学	旅游管理	博士
10	湖南商学院	旅游管理	博士

最后，按照专业人士的反馈意见，对旅游博客内容进行反复修改后，利用电子邮件、聊天软件和虚拟社区对其进行测试。将"积极情绪展示—强感染力"和"积极情绪展示—弱感染力"的 2 篇旅游博客分为一组，"消极情绪展示—强感染力"和"消极情绪展示—弱感染力"的 2 篇旅游博客分为另一组。请专家阅读完一组旅游博客后，回答关于该组旅游博客的基本内容、认可程度、感染力等问题。所有问题均采用李克特 5 点尺度，1~5 表示从"非常不赞同"到"非常赞同"。

最后，对测试结果进行分析，数据显示如表 5-2 和 5-3 所示，专家认为同一组旅游博客的基本内容和评价是一致的，对该旅游地的认可程度也基本相同，感染力强弱也和预期完全一致。4 篇旅游博客达到实验控制要求。

表 5-2　积极情绪展示博客内容测试结果

序号	题项	强感染力／弱感染力
1	我觉得这两段文字表达的基本内容是一致的	4.10
2	我觉得这两段文字对旅游地的评价是一致的	4.20
3	我觉得这两段文字对旅游地的认可程度是一样的	4.09
4	我觉得第一段文字的感染力更强	4.70
5	我觉得第二段文字的感染力更强	2.10

注：$N = 98$。

表 5-3　消极情绪展示博客内容测试结果

序号	题项	强感染力／弱感染力
1	我觉得这两段文字表达的基本内容是一致的	4.25
2	我觉得这两段文字对旅游地的评价是一致的	4.13
3	我觉得这两段文字对旅游地的认可程度是一样的	4.10
4	我觉得第一段文字的感染力更强	4.63
5	我觉得第二段文字的感染力更强	2.00

注：$N = 98$。

在对两组旅游博客进行最后的调整和完善后，确定采用以下 4 篇旅游博客进行正式调研。

（1）积极情绪展示—强感染力。

没想到顺利地订到了一家特色酒店，高端大气上档次！环境好，服务佳，服务生还那么帅……下午直奔目的地。比起一些所谓的热门旅游景区，这里真是让人心旷神怡啊！不见人头攒动的游客，没有吆喝拉客的小贩，有的只是静谧和安详。天空蓝得不像是真的，湖水澄净得能看到鱼儿游弋，几只小羊悠闲地啃着青草，身穿少数民族服饰的牧童懒懒地晒着太阳，时间仿佛静止了……

（2）积极情绪展示—弱感染力。

我们顺利订到了一家特色酒店，高档、环境好、服务好，服务生也帅。下午，我们直奔目的地。比起一些所谓的热门旅游景点，这里真是不错。游客不多，也没有喧闹拉客的小贩，环境挺安静的。天空很蓝，湖水很清，湖边几只羊在吃草，还有身穿少数民族服饰的牧童在晒太阳，很清静。

（3）消极情绪展示—强感染力。

这也叫国家级旅游景区？酒店餐厅的饭菜实在难以下咽，房间连空调都没有！风景呢，和宣传的相差十万八千里！景区里到处都是小贩！三个字，脏乱差！我不小心碰了一个小贩的东西，结果被逼着非买不可！抢钱啊？还有，说起讲解员更来气！讲解没几句，就要我们买香火敬神，还说不买的"不是没钱就是有病"。真后悔来了这鬼地方！下次再也不来了！！！

（4）消极情绪展示—弱感染力。

这不像是国家级旅游景区。酒店餐厅的饭菜太难吃了，房间也没有空调，景致和宣传的差距很大。景区里到处是小贩，弄得景区很脏乱。我不小心碰了一个小贩的东西，结果他一定要我买。还有，讲解员也让人不满，讲解很少，只知道要我们买香火敬神，说不买的"不是没钱就是有病"。后悔来了这里，下次不会来了。

2. 情绪易感性

关于情绪易感性的测量，一些学者开发了相关量表，并对其效度和信度进行了测量。较早的专门研究有 Davis（1980）对移情量表进行的开发和检验。他认为移情量表由"设身处地（指站在他人的立场看问题）、情境融入（指幻想自己是电影、小说和戏剧等虚构情境里的人物）、同情他人、痛苦感知（指因看到他人不幸而引起自身焦虑和不安）"4 个维度构成，每个维度用 7 个题项来测量。之后，其他一些学者也进行了相关量表的研究。目前，在学术界得到广泛应用的是 Doherty（1997）开发的情绪感染量表。该量表包含 15 个题项，以 1 988 个样本为对象的检验结果显示，该量表信度较高，Cronbach's α 达到 0.90。因此，本书主要以 Doherty 的情绪易感性量表为基础，结合国内学者成达建（2011）和范秀成（2009）的研究成果，并通过专家访谈和小组讨论，针对本书的主题和内容对量表进行修改和调整，形成情绪易感性量表。

表 5 - 4　情绪易感性量表

题项	非常不赞同→非常赞同				
1. 当别人向我微笑，我会感到快乐	1	2	3	4	5
2. 周围意志消沉的人会让我感到精神萎靡	1	2	3	4	5
3. 看到感动的场景，我会激情难抑	1	2	3	4	5
4. 我会敏锐地捕捉他人的情绪变化	1	2	3	4	5
5. 看到他人挑衅的面孔，我会马上愤怒	1	2	3	4	5
6. 我在意他人的情绪变化	1	2	3	4	5
7. 同我喜欢的人在一起使我心情快乐	1	2	3	4	5
8. 看到剧烈争吵的场面，我会心跳加快	1	2	3	4	5
9. 如果跟我说话的人哭起来，我也会掉眼泪	1	2	3	4	5
10. 别人大笑的时候，我也会跟着笑	1	2	3	4	5

5.2.3　观测变量测量

观测变量是研究者想要观察和检验的变量，它们往往也是研究中的因变量。本研究的观测变量是受访者的积极情绪、消极情绪和旅游意向。

　　首先，要测量受访者的情绪反应。其主要方法有仪器测量、行为判断和自陈式测量三种。其中，仪器测量是指通过科学仪器测量人体呼吸、脉搏、体温和瞳孔等生理变化来推断其情绪变化，这种方法测得的数据结果精确客观，但经济成本较高，测量工具不易获得。行为判断是指通过观察个体的面部表情、语音语调和肢体动作等外显行为来判断其情绪变化。这种方法对研究者的要求很高。由于个体情绪的外显反应存在差异，有的人喜怒形于色，有的人则不露声色，研究者必须捕捉到观察对象细微的外显变化，并依此对其情绪作出准确判断。自陈式测量是指受访者根据个人感受对自我情绪进行陈述和表达，其主要包括自省法、联想法、语义差别法和区别性量表法等。其中，区别性量表法是目前学术界采用较多的一种，它是指研究者对某种情绪状态进行描述，然后让受访者通过打分来表示对该描述的认同程度。该方法能较好地测量受访者的动机和行为意向等情绪状态（Wallbon & Scherer，1989）。因此，本书采用区别性量表法对受访者的情绪进行测量。通过阅读文献，在前人的研究基础上构建积极情绪和消极情绪量表。Price 等（1995）和 Schoefer 等（2005）认为，积极情绪包括高兴、快乐、愉悦、喜悦、自豪、放松等衡量指标，其信度（Cronbach's α）在 0.9 以上；消极情绪包括愤怒、恼怒、悲伤、失望、懊悔、内疚等衡量指标，其信度接近 0.9。通过小组访谈和专家讨论，结合本书的目的和内容，将积极情绪和消极情绪作为两个单极变量来处理。具体测量题项见表 5 - 5：

表 5 - 5　积极情绪和消极情绪量表

观测变量	题项	非常不赞同→非常赞同				
积极情绪	1. 看完以上博客内容，我感到愉快	1	2	3	4	5
	2. 看完以上博客内容，我感到高兴	1	2	3	4	5
	3. 看完以上博客内容，我觉得心情舒畅	1	2	3	4	5
消极情绪	1. 看完以上博客内容，我感到郁闷	1	2	3	4	5
	2. 看完以上博客内容，我感到失望	1	2	3	4	5
	3. 看完以上博客内容，我感到生气	1	2	3	4	5

　　其次，借鉴刘力（2013）关于旅游意向的研究成果，对其旅游意向量

表进行修改和调整，通过"以上旅游博客描述的旅游地是一个不错的目的地"和"如果有旅游机会，我会将以上博客的描述对象作为旅游目的地"两个问题来测量受访者的旅游意向。

综上所述，本次研究的调查问卷主要涉及控制变量、操纵变量、观测变量的测量，问卷包括 29 道题，其内容依次为受访者筛查、初始情绪测量（$Q01_预 \sim Q04_预$）①、情绪易感性测量（$Q05_预 \sim Q14_预$）、博客展示（即实验情境展示）、对实验情境的熟悉度测量（$Q15_预$）、情绪展示测量（$Q16_预$）、情绪感染力测量（$Q17_预$）、积极情绪测量（$Q18_预 \sim Q20_预$）、消极情绪测量（$Q21_预 \sim Q23_预$）、旅游意向测量（$Q24_预 \sim Q25_预$）、人口特征统计（$Q26_预 \sim Q29_预$）。

5.3　预调研

为了检验调查问卷的信度和效度，在实施正式调研之前，以某大学三年级学生为对象进行测试。测试样本量为 111 人，男生 58 人（52.3%），女生 53 人（47.7%）。由于学生的生活环境相差不大，且能排除年龄、学历、职业和收入水平等因素的干扰，无须对人口统计特征等控制变量进行专门处理和检验。另外，由于初始情绪、积极情绪、消极情绪和旅游意愿等概念的量表较为成熟，本章不对其进行重点讨论。本次主要对题项较多的情绪易感性量表进行检验，具体讨论内容包括效度检验和信度检验。

因子分析是效度检验的常用方法。通过 SPSS 软件对情绪易感性量表进行主成分因子分析【Analyze→Data Reduction→Factor】，结果显示，*KMO* 统计值为 0.777。根据统计学家 Kaiser（1974）给出的标准，*KMO* 的值越接近 1，越适合做因子分析。$KMO > 0.7$，适合做因子分析；$KMO > 0.8$，很适合做因子分析；$KMO > 0.9$，非常适合做因子分析。因此，本量表数据适合做因子分析。另外，巴特利特球形检验（Bartlett's test of sphericity）统计量为 245.772，自由度为 45，$p < 0.001$，拒绝零假设，各变量之间并非独立，进一步说明本量表数据适合做因子分析。

---

① 为了与正式问卷题目序号相区别，预调研问卷题目序号右下方标有"预"字。

表 5-6 显示了经过正交旋转后的因子载荷、特征根值、可解释的方差和累积方差贡献率。结果表明，第 7 题"看到感动的场景，我会激情难抑"的得分同时在因子 $F1$ 和 $F3$ 上的载荷较高，分别为 0.580 和 0.413。因子载荷是用来反映各个题项的变异主要由哪些因子解释，因子载荷越大，说明该因子与该题项的关系越强。若某个题项同时在两个因子的载荷都较高，则应删除该题。另外，虽然 3 个因子的特征根值均大于 1，但累积方差贡献率低于 60%，未达到因子提取标准。可见，量表的效度不佳，应该进行调整和修改。

表 5-6 情绪易感性量表的因子分析结果（调整前）

题项	因子 $F1$	因子 $F2$	因子 $F3$
Q06预	0.790	0.049	0.084
Q07预	0.580	0.246	0.413
Q12预	0.628	0.176	0.221
Q13预	0.668	0.258	0.172
Q08预	0.062	0.786	0.162
Q11预	0.175	0.681	0.358
Q14预	0.197	0.728	0.257
Q05预	0.274	0.164	0.569
Q09预	0.362	0.198	0.695
Q10预	0.133	0.247	0.785
特征根值	2.099	1.899	1.899
可解释的方差	20.992%	18.992%	18.991%
累积方差贡献率	20.992%	39.984%	58.985%

删除第 7 题后，对情绪易感性量表各题再次进行因子分析。结果显示，KMO 统计值为 0.748，适合做因子分析；巴特利特球形检验统计量为 186.435，自由度为 36，$p < 0.001$，拒绝零假设，各变量之间并非独立，适合做因子分析。表 5-7 显示了经过正交旋转后的因子载荷、特征根值、可解释的方差和累积方差贡献率。可见，因子特征根值均大于 1，因子 $F3$

累积方差贡献率超过 60%，达到因子提取标准。

表 5-7　情绪易感性量表的因子分析结果（调整后）

题项	因子 $F1$	因子 $F2$	因子 $F3$
Q08预	0.785	0.035	0.185
Q11预	0.693	0.146	0.346
Q14预	0.734	0.216	0.263
Q06预	0.039	0.813	0.050
Q12预	0.194	0.642	0.251
Q13预	0.276	0.642	0.184
Q05预	0.294	0.177	0.588
Q09预	0.331	0.173	0.709
Q10预	0.166	0.263	0.773
特征根值	1.881	1.779	1.769
可解释的方差	20.903%	19.766%	19.657%
累积方差贡献率	20.903%	40.669%	60.326%

对量表信度进行检验。结果显示，各变量的信度均达到 0.7 以上，信度良好，具体如表 5-8 所示。

表 5-8　量表的信度检验（预调研）

变量	Item	Mean	Std. Deviation	Std. Error	Cronbach's α if Item Deleted	Cronbach's α
初始情绪	Q01预	3.86	0.862	0.082	0.623	0.752
	Q02预	3.80	0.851	0.081	0.564	
	Q03预	3.52	0.999	0.095	0.778	
	Q04预	3.99	0.869	0.082	0.748	

（续上表）

变量	Item	Mean	Std. Deviation	Std. Error	Cronbach's α if Item Deleted	Cronbach's α
情绪易感性	Q05预	4.18	0.690	0.066	0.690	0.731
	Q06预	3.19	0.996	0.094	0.718	
	Q08预	3.34	0.929	0.088	0.728	
	Q09预	2.76	0.974	0.092	0.706	
	Q10预	3.16	0.837	0.079	0.707	
	Q11预	4.32	0.687	0.065	0.681	
	Q12预	3.16	0.949	0.090	0.680	
	Q13预	2.76	1.046	0.099	0.679	
	Q14预	3.59	0.958	0.091	0.670	
积极情绪	Q18预	3.67	0.637	0.061	0.812	0.899
	Q19预	3.56	0.643	0.061	0.824	
	Q20预	3.55	0.630	0.060	0.923	
消极情绪	Q21预	2.15	0.650	0.062	0.780	0.843
	Q22预	2.04	0.679	0.065	0.772	
	Q23预	1.82	0.655	0.063	0.794	
旅游意向	Q24预	3.76	0.729	0.069		0.736
	Q25预	3.70	0.770	0.073		

对问卷中的主要变量进行相关分析。结果显示（见表5-9），各变量之间的相关性与研究假设相一致：积极情绪展示与积极情绪显著正相关，与消极情绪显著负相关，与旅游意向显著正相关；积极情绪与消极情绪显著负相关，与旅游意向显著正相关；消极情绪与旅游意向显著负相关。

表 5-9　变量的相关分析（预调研）

变量	积极情绪展示	积极情绪	消极情绪	旅游意向
积极情绪展示	1			
积极情绪	0.392***	1		
消极情绪	−0.323**	−0.282**	1	
旅游意向	0.472***	0.469***	−0.328***	1

注：$N = 111$，*** 表示 $p < 0.001$，** 表示 $p < 0.01$。

　　综上所述，调整和修改后的调查问卷信度和效度均较好，其预调研结果在大方向上与研究假设基本相符。因此，可以进行正式的问卷调查。

实证研究分析

6.1　调研过程

6.1.1　样本采集

本书中所涉及的研究内容正式调研地点为广州白云国际机场候机大厅，调研员由大学本科生和研究生组成。调研之前，先向调研员解释本次研究的目的和思路，对问卷内容进行逐一解读，并对调研员的调研技能进行培训，指导其如何应对可能出现的突发状况和意外情况。为防止调研员为完成问卷数量而忽略质量，对其完成问卷数量不作要求，报酬按天计算（160元/天）。正式调研时，每位调研员佩戴印有"××大学××学院"的工作证，并向受访者说明自己身份，以消除其警戒和疑虑，降低拒访率。调研过程中，调研员向受访者进行简单介绍后，由受访者自由答题，调研员站在距离其一米左右的范围内，观察其答题情况（如是认真还是敷衍地答题，回收问卷时做好标记以供筛选）；并根据其相关情况随时作出反应（如提示问卷背面还有题目、解答相关疑问等）。调研完成后，调研员检查问卷是否填写完整，并向受访者派送小礼物一份，一是表示感谢，二是可以起到示范作用（周围其他人看到有礼物派送，往往也乐意接受调研）。

在人力和财力有限的条件下，本研究采取方便抽样。根据上一章的研究设计，调查问卷共有"积极情绪展示—强感染力""积极情绪展示—弱感染力""消极情绪展示—强感染力"和"消极情绪展示—弱感染力"4种不同版本。实际调研过程中，每种版本的问卷各派发140份，受访者随机填写其中一个版本的问卷。

经过与相关部门工作人员的沟通和协商，调研在广州白云国际机场候机大厅展开。该机场规模大，人流量多，候机大厅的旅客来自五湖四海，从事各行各业，且有时间静下心来完成问卷，基本能达到本研究样本的要求。但有两点值得注意：一是调研员可能根据个人喜恶或调研难易程度挑选受访者，如倾向于选择面善者、年轻者等；二是根据调研员反映，有几类潜在受访者拒访率较高，如衣着另类者、情侣等。因此，本研究不排除由于调研员的个人偏好和某些人群的拒访而影响样本代表性的可能。

6.1.2 样本概况

本研究实发问卷560份，回收560份（回收率100%），有效问卷460份（有效率82.1%），从中筛选435份进行数据分析（具体筛选方法见下节"数据处理"部分）。其中，男性占50.6%，女性占49.4%；年龄多分布在21~40岁之间（76.5%）；学历以大专和本科居多（67.4%）；职业以企业员工居多（30.6%）。具体人口统计特征情况见表6-1：

表6-1 人口统计特征

项目	类别	人数（人）	比例（%）
性别	男	220	50.6
	女	215	49.4
	小计	435	100
年龄	20岁及以下	50	11.5
	21~30岁	252	57.9
	31~40岁	81	18.6
	41~50岁	42	9.7
	51岁及以上	8	1.8
	未填写	2	0.5
	小计	435	100
学历	初中及以下	31	7.1
	高中/中专	60	13.8
	大专	109	25.1
	本科	184	42.3
	研究生	43	9.9
	未填写	8	1.8
	小计	435	100

（续上表）

项目	类别	人数（人）	比例（%）
职业	公务员	8	1.8
	事业单位员工	55	12.6
	企业员工	133	30.6
	个体户/私营业主	37	8.5
	自由职业者	49	11.3
	学生	83	19.1
	退休人员	5	1.1
	其他	63	14.5
	未填写	2	0.5
	小计	435	100

6.2   数据处理

6.2.1   数据筛选

本研究实发问卷560份，回收560份（回收率100%），有效问卷460份（有效率82.1%）。导致无效问卷的原因主要有以下几种情况：①问卷关键信息填写不完整的，如未填写阅读博客后的情绪反应的；②问卷答案前后矛盾的，如受访者填写自己情绪既高兴又郁闷的；③受访者是随意或胡乱填写的，如所有问题都填写同一个选项的；④受访者不符合样本要求的，如第一题选择"没有（终止作答）"，但仍然填写了后面题目的。各组问卷的发放、回收和有效情况见表6-2：

表 6 – 2　各组问卷回收率和有效率

样本类型 问卷情况	积极情绪展示—强感染力	积极情绪展示—弱感染力	消极情绪展示—强感染力	消极情绪展示—弱感染力
实发问卷	140	140	140	140
回收问卷	140	140	140	140
有效问卷	122（87.1%）	115（82.1%）	111（79.3%）	112（80%）

6.2.2　数据分组

由于采用的是方便抽样，情绪易感性这一操纵变量无法提前操纵，必须先利用问卷进行测量，再对其加以划分。因此，计算每份问卷中第 5 题至第 13 题的均值，将其作为情绪易感性的测量值，并利用聚类分析区分情绪易感性高低。

聚类分析方法主要有两种，一种是快速聚类分析，另一种是层次聚类分析。在大样本情况下（$N > 200$），一般采用快速聚类分析。该方法首先选择 k 个样本作为初始"类中心点"，并测量所有样本到 k 个"类中心点"的欧氏距离，按距离最短原则，把所有样本分派到各中心点所在的类中，形成新的 k 类；然后以每类中各变量的均值作为新的"类中心点"。重复以上过程，直到新形成的"类中心点"和上一次的"类中心点"距离为零。

利用 SPSS 软件对有效问卷进行聚类分析，将所有样本分为高低两类（"类中心点"分别为 5 和 2），其中，高情绪易感性为 222 人，低情绪易感性为 238 人。根据情绪易感性高低将原来 4 组样本细分为 8 组，各组样本量分别为 63、59、52、63、52、59、55 和 57。为使每组样本量尽可能接近，对其进行筛选，剔除与"类中心点"距离较远的样本。筛选后样本的"类中心点"将发生小幅调整，重新聚类的结果见表 6 – 3：

表6-3　情绪易感性聚类结果

样本类型 聚类阶段	积极情绪展示—强感染力			积极情绪展示—弱感染力			消极情绪展示—强感染力			消极情绪展示—弱感染力		
情绪易感性	高	低	总数	高	低	总数	高	低	总数	高	低	总数
筛选前聚类	63	59	122	52	63	115	52	59	111	55	57	112
筛选后聚类	55	55	110	53	55	108	52	55	107	55	55	110

因此，筛选后的8个实验组样本量分别为55、55、53、55、52、55、55和55。为了检验情绪易感性在各组中的差异，进行方差分析，采用 F 统计量进行检验。利用 SPSS 软件进行单因素方差分析。结果显示，各组的情绪易感性在0.001的显著水平下存在差异，符合实验要求，如表6-4所示。

表6-4　各组情绪易感性方差分析

组别	N	Mean	Std. Deviation	Levene Statistic	p	F	p
积极情绪展示—强感染力	55	3.81	0.252	0.248	0.619	240.395 ***	0.000
	55	3.08	0.241				
积极情绪展示—弱感染力	53	3.82	0.282	0.051	0.821	248.745 ***	0.000
	55	2.97	0.276				
消极情绪展示—强感染力	52	4.00	0.301	0.277	0.600	138.943 ***	0.000
	55	3.37	0.259				
消极情绪展示—弱感染力	55	3.85	0.279	1.931	0.167	148.333 ***	0.000
	55	3.17	0.308				

注：$N=435$，*** 表示 $p<0.001$。

6.3 数据质量分析

6.3.1 信度检验

信度是指可靠性或一致性。信度好的指标在同样或类似的条件下重复操作可以得到一致或稳定的结果。它主要分为：①稳定信度（stability reliability），即指标在不同时间进行测量，也可以得到同样的结果。通常用再测方法检验稳定信度，也就是将同样的指标对同一样本重新施测，如果每次都得到相同的结果，则指标具有稳定信度。②代表性信度（representative reliability），即指标对不同样本进行测量，也可以得到同样的结果。通常采用针对不同人群进行测量的方法来检验代表性信度，如果每次都得到相同结果，则指标具有代表性信度。③同质信度（equivalence reliability），即利用不同指标测量相同概念，也可以得到同样的结果。通常用折半法检验同质信度，也就是将测量同一概念的指标随机分成两组进行测量，如果两组得到相同结果，则指标具有同质信度。由于稳定信度和代表性信度的检验难度大、费用高，同质信度检验更受研究者的青睐，其可以用折半法、α 系数法等进行检验。因此，本研究采用学术界普遍认可的 Cronbach's α 系数进行信度检验。

根据美国统计学家 Hair 和 Anderson 等（1998）的观点，Cronbach's α 系数大于 0.7，表明数据可靠性较高；大于 0.9，说明数据可靠性非常高。利用 SPSS 软件进行信度检验的结果显示，各变量的 Cronbach's α 系数都在 0.7 ~ 0.9 的范围内；且各变量的 F 检验均显示 $p < 0.01$ 或 $p < 0.05$，量表的重复测量效果良好。可见，本研究数据可靠性较高。

表6-5 量表的信度检验

变量	Item	Mean	Std. Deviation	Std. Error	Cronbach's α if Item Deleted	Cronbach's α	F
初始情绪	Q01	3.76	0.887	0.043	0.791	0.856	25.338 **
	Q02	3.67	0.838	0.040	0.771		
	Q03	3.61	0.892	0.043	0.831		
	Q04	3.91	0.869	0.042	0.866		
情绪易感性	Q05	4.29	0.642	0.031	0.708	0.731	229.954 **
	Q06	3.31	0.934	0.045	0.707		
	Q07	3.53	0.804	0.039	0.711		
	Q08	2.93	0.903	0.043	0.702		
	Q09	3.32	0.847	0.041	0.700		
	Q10	4.40	0.592	0.028	0.710		
	Q11	3.25	0.889	0.043	0.694		
	Q12	2.89	0.953	0.046	0.701		
	Q13	3.63	0.874	0.042	0.693		
积极情绪	Q18	2.84	1.051	0.050	0.948	0.960	5.759 **
	Q19	2.77	1.036	0.050	0.922		
	Q20	2.77	1.032	0.049	0.954		
消极情绪	Q21	2.75	0.875	0.042	0.906	0.926	33.591 **
	Q22	2.80	1.037	0.050	0.874		
	Q23	2.57	1.014	0.049	0.895		
旅游意向	Q24	2.88	1.210	0.058		0.912	3.975 *
	Q25	2.81	1.242	0.060			

注: $N = 435$, ** 表示 $p < 0.01$, * 表示 $p < 0.05$ 。

6.3.2 效度检验

效度（validity）是指概念定义（conceptual definition）和操作定义

（operational definition）之间的契合程度。通俗地讲，即研究者想要测量的概念和实际测量到的概念是否相同。测量的效度主要有：①内容效度，这类效度关注要测量的内容是否都在量表中体现出来。请熟悉该领域的专家对量表进行评价是提高其内容效度的办法。②结构效度，这类效度是指量表能够真正测量出其所衡量的变量的程度（袁亚忠，2012），它又分为收敛效度和判别效度。收敛效度是指测量同一概念的多个指标之间的相关程度；判别效度是指测量某一概念的指标与测量其他概念的指标之间的差异程度。本研究已针对量表进行了专家访谈，能保证量表具有较好的内容效度，本部分采用学术界普遍认可的因子分析方法来检验量表的结构效度。

本部分重点对情绪易感性量表的各题进行因子分析，检验其效度。结果显示，KMO 统计值为 0.789，适合做因子分析；巴特利特球形检验 $p < 0.001$，拒绝零假设，各变量之间并非独立，适合做因子分析。采用方差最大化正交旋转的结果显示，因子特征根值均大于 1，累积方差贡献率超过 69%。

另外，对问卷中的主要变量进行相关分析。结果显示，各变量之间的相关性与研究假设相一致：积极情绪展示与积极情绪显著正相关，与消极情绪显著负相关，与旅游意向显著正相关；积极情绪与消极情绪显著负相关，与旅游意向显著正相关；消极情绪与旅游意向显著负相关。

表6-6 变量的相关系数

变量	积极情绪展示	积极情绪	消极情绪	旅游意向
积极情绪展示	1			
积极情绪	0.649***	1		
消极情绪	-0.596***	-0.735***	1	
旅游意向	0.647***	0.784***	-0.780***	1

注：$N = 435$，*** 表示 $p < 0.001$。

6.3.3 控制变量检验

本研究的实验控制变量主要是受访者的初始情绪、情境熟悉程度、人口统计特征。若这些变量在各组中无显著差异，则表明实验控制效果较好。

　　首先，在问卷开始部分用"我现在心情不错""我现在感到高兴""我现在觉得愉快"和"我现在感觉不开心（反向）"4个问题测量受访者的初始情绪。结果显示，各组的初始情绪均值为 3.66~3.99，总体样本均值为 3.78，说明绝大多数受访者情绪中性偏高；各组的初始情绪标准差为 0.467~0.863，总体样本标准差为 0.728，说明受访者之间的初始情绪差异不大。进一步通过单因素方差分析发现，8 组实验组的初始情绪无显著差异（$p = 0.102$）。

表 6-7 初始情绪组间差异检验

Group	N	Mean	Std. Deviation	F	p
1	55	3.85	0.796		
2	55	3.75	0.505		
3	53	3.99	0.770		
4	55	3.66	0.467		
5	52	3.69	0.657	1.722	0.102
6	55	3.70	0.863		
7	55	3.68	0.760		
8	55	3.92	0.612		
Total	435	3.78	0.728		

　　其次，在问卷中展示博客内容后，通过"我在网上看到过类似的博客内容"来检测受访者对实验情境的熟悉程度。结果显示，各组对情境熟悉度的均值为 3.07~3.55，总体样本均值为 3.31，说明多数受访者对情境较为熟悉；各组对情境熟悉度的标准差为 0.531~0.871，总体样本标准差为 0.748，说明受访者对情境熟悉度的差异不大。进一步通过单因素方差分析发现，8 组实验组的对情境熟悉度无显著差异（$p = 0.110$）。

表6-8　对情境熟悉度组间差异检验

Group	N	Mean	Std. Deviation	F	p
1	55	3.30	0.582		
2	55	3.07	0.531		
3	53	3.55	0.816		
4	55	3.35	0.643	1.689	0.110
5	52	3.33	0.828		
6	55	3.34	0.770		
7	55	3.27	0.838		
8	55	3.25	0.871		
Total	435	3.31	0.748		

最后，在问卷结束部分通过"你的性别""你的年龄""你的学历"和"你的职业"4个问题来测量受访者的人口统计特征，检验这些人口特征在各组中的比例是否存在明显差异。学术界一般用卡方检验来分析多组样本比例的差异。本研究利用SPSS软件的交叉列联表进行卡方检验。以组别为"行"，人口特征为"列"，进行交叉列联表分析，结果显示，8组实验组在性别、年龄、学历和职业方面没有显著差异（p值分别为0.121、0.241、0.263和0.154）。

综上可见，受访者的初始情绪、情境熟悉程度、人口统计特征三个控制变量在各组之间均无显著差异，实验控制效果较好。

6.3.4　操纵变量检验

本研究的实验操纵变量是旅游博客的情绪展示（积极/消极）、情绪感染力（强/弱）、情绪易感性（高/低）。若这些变量在各自不同的水平下存在显著差异，则表明实验操纵效果较好。

本研究通过"我觉得以上博客对旅游地的评价是正面的"这一问题来测量受访者对旅游博客情绪展示的感知，通过"我觉得以上博客的文字描述有感染力"这一问题来测量受访者对博客情绪感染力的感知，通过专业量表来测量受访者的情绪易感性（量表设计详见第5章）。利用SPSS软件进行单因素方差分析，结果显示，积极情绪展示和消极情绪展示的均值分

别为 3.90 和 2.19（$p < 0.001$），强感染力和弱感染力的均值分别为 3.48
和 2.78（$p < 0.001$），高易感性和低易感性的均值分别为 3.87 和 3.15
（$p < 0.001$）。三个变量在各自不同水平下的均值符合操纵预期，且三个操
纵变量在各自不同水平之间均存在显著差异，实验操纵效果较好。

表 6 - 9　操纵变量方差分析

变量	样本量	均值	标准差	F 值	显著性 p
积极情绪展示	218	3.90	0.614	629.326***	0.000
消极情绪展示	217	2.19	0.793		
强感染力	217	3.48	0.594	187.211***	0.000
弱感染力	218	2.78	0.465		
高易感性	215	3.87	0.287	642.897***	0.000
低易感性	220	3.15	0.307		

注：$N = 435$，*** 表示 $p < 0.001$。

　　另外，计算不同实验组测量变量的均值和标准差，结果如表 6 - 10
所示：

表 6 - 10　不同实验条件下测量变量的均值及标准差

旅游博客情绪展示	情绪感染力	情绪易感性	样本量	积极情绪		消极情绪		旅游意向	
				均值	标准差	均值	标准差	均值	标准差
积极情绪展示	强感染力	高易感性	55	3.72	0.587	1.84	0.651	4.08	0.525
		低易感性	55	3.44	0.467	2.07	0.486	3.66	0.536
	弱感染力	高易感性	53	3.72	0.638	1.92	0.601	3.92	0.725
		低易感性	55	3.38	0.469	2.12	0.564	3.59	0.570
消极情绪展示	强感染力	高易感性	52	1.76	0.638	3.56	0.556	1.68	0.672
		低易感性	55	1.98	0.750	3.53	0.500	1.84	0.667
	弱感染力	高易感性	55	2.09	0.692	3.41	0.521	1.86	0.717
		低易感性	55	2.27	0.677	3.24	0.482	2.08	0.692

6.4　变量赋值

首先，对连续变量进行赋值。用问卷中测量初始情绪 4 道题的均值代表初始情绪的值，即初始情绪的值 = （Q01 + Q02 + Q03 + Q04）/4；用问卷中测量积极情绪 3 道题的均值代表积极情绪的值，即积极情绪的值 = （Q18 + Q19 + Q20）/3；用问卷中测量消极情绪 3 道题的均值代表消极情绪的值，即消极情绪的值 = （Q21 + Q22 + Q23）/3；用问卷中测量旅游意向 2 道题的均值代表旅游意向的值，即旅游意向的值 = （Q24 + Q25）/2。在进行数据分析之前，将所有观测变量中心化。

其次，对类别变量进行赋值。类别变量主要包括操纵变量和控制变量。其中，操纵变量有旅游博客的情绪展示、情绪感染力和情绪易感性，它们有各自的不同水平（如高/低、强/弱），因此，将积极情绪展示赋值为 1，消极情绪展示赋值为 0；强情绪感染力赋值为 1，弱情绪感染力赋值为 0；高情绪易感性赋值为 1，低情绪易感性赋值为 0。另外，对人口统计特征进行赋值。其中，男性赋值为 0，女性赋值为 1；年龄 30 岁及以下的赋值为 0，30 岁以上的赋值为 1；学历大专以下的赋值为 0，大专及以上的赋值为 1。

6.5　假设检验

6.5.1　检验方法

首先，对变量进行赋值后，利用 SPSS 软件中的多层回归分析来检验调节效应和中介效应。回归模型中，旅游博客的情绪展示是自变量，积极情绪和消极情绪是中介变量，其旅游意向是因变量，情绪感染力和情绪易感性是调节变量，初始情绪是协变量。检验回归方程的有效性需要测量方程的拟合程度、回归方程和回归系数的显著性。拟合程度一般用多重判定系数 R^2 来测量。R^2 越接近 1，回归方程拟合程度越高；反之，R^2 越接近

0，拟合程度越低。但 R^2 的大小受到自变量个数的影响，随着自变量的增加，R^2 增大。这就导致自变量个数不同的回归方程之间比较拟合程度时，必须对 R^2 加以调整。一般线性回归分析中，调整的 R^2 越大越好。

R^2 的平方根称为复相关系数（R），也称为多重相关系数。它表示因变量与所有自变量之间的线性相关程度，反映样本数据与预测数据之间的相关程度。

其次，除了拟合程度外，还要对回归方程的显著性进行检验。学术界一般采用 F 统计量进行测量。F 值较大，说明自变量造成的因变量变动远远大于随机因素对因变量造成的影响。F 统计量可以转换成用 R^2 来表达。因此，F 统计量也可以反映回归方程的拟合程度。F 统计量越显著，回归方程的拟合程度也越高。

另外，除了整体拟合程度和显著性外，还要检验各个变量回归系数的显著性，即各个自变量对因变量的影响是否显著。一般用 T 检验来测量回归系数的显著性。如果某个自变量的回归系数标准误差较小，则表明该自变量对因变量变化的解释能力较大，该自变量应保留在回归方程中；反之，不应保留在回归方程中。

最后，要检验自变量之间的多重共线性。它是指自变量之间存在近似的线性关系，即某个自变量能近似地用其他变量的线性函数表示。在实际研究中，自变量之间很难做到完全独立，但一般程度的相关性不会对结果产生严重影响。然而，当共线性趋势非常明显时，它就会对模型的拟合带来严重影响。多重共线性是模型拟合完毕后诊断过程中的重要一步（易婷婷，2006）。因此，本研究利用 SPSS 软件对回归方程中的自变量进行多重共线性检验，即在进行回归分析时，勾选共线性检验的项。程序运行结果主要显示两个指标：一个是容忍度，它表示将某个自变量作为因变量对其他自变量进行回归分析时得到的残差比例，其值等于 1 减去决定系数。容忍度指标越小，说明该自变量被其余变量预测得越精确，共线性问题可能越严重。如果某个自变量的容忍度小于 0.1，则可能共线性问题较严重。另一个检验多重共线性的指标是方差膨胀因子，它是容忍度的倒数。方差膨胀因子越接近 1 越好；如果某个自变量的方差膨胀因子大于 10，则可能共线性问题较严重。

6.5.2　"情绪展示对积极情绪影响"中的调节效应检验

调节效应（moderator effect）是指自变量和因变量的关系受到第三个

变量的影响。如果 X 对 Y 的作用受到 M 的影响，则 M 为调节变量。其表达式和图式为：

$$Y = f\,(X,\,M) + e \qquad \boxed{X} \xrightarrow{\;M\;} \boxed{Y} \longleftarrow e$$

从影响方式来看，调节变量可以影响自变量和因变量之间的关系强弱和关系方向（正/负）。从变量类型来看，调节效应的相关变量可以分为四种情况：自变量和调节变量都是连续变量；自变量和调节变量都是类别变量；自变量是类别变量，调节变量是连续变量；自变量是连续变量，调节变量是类别变量。不同的变量类型需要采用不同的分析方法，目前得到学术界广泛应用的检验调节效应的方法主要是方差分析和回归分析。甘伦知（2011）和刘晓华等（2012）认为方差分析与虚拟变量回归模型都可以检验类别变量对连续因变量的影响，其通过数理推导建立了与方差分析对应的虚拟变量回归模型，并验证了这两种分析方法的一致性和等价性。在综合前人研究方法的基础上，本研究主要采用多层回归分析方法来检验调节效应。其表达式为：

$$Y = aX + b_1 M_1 + b_2 M_2 + e_1$$
$$Y = a'X + b_1' M_1 + b_2' M_2 + c_1 X M_1 + c_2 X M_2 + e_2$$

根据温忠麟等（2005）的观点，若第二个回归方程的多重判定系数 R_1^2 显著高于第一个方程的多重判定系数 R_2^2，则调节效应显著；或者 XM_i 的回归系数 c_i 显著，则 M_i 的调节效应显著。

另外，在检验调节变量时，应先对预测基线进行回归分析，即以人口统计特征等控制变量和调节变量为自变量，以观测变量为因变量进行回归分析，其结果作为上面两个回归方程的比较基础（成达建，2011）。因此，本研究综合前人的检验方法，按照积极情绪的预测基线分析、情绪展示对积极情绪影响分析、调节变量在"情绪展示对积极情绪影响"中的调节效应分析 3 个步骤进行检验①。下面依次进行操作。

1. 积极情绪的预测基线

在研究自变量对因变量的影响时，往往需要先探讨因变量的预测基线，它是数据比较的基础。本研究选择性别、年龄、学历、初始情绪、情绪感染力和情绪易感性作为自变量，积极情绪作为因变量，采用 SPSS 软件进行多元线性回归分析。结果显示，性别、年龄、情绪感染力和情绪易感性均对积极情绪没有显著影响。虽然学历和初始情绪在 0.05 的显著水平下对积极情绪有影响，但回归方程的相关系数 R 为 0.178，多重判定系数 R^2 为 0.032，调整后的多重判定系数为 0.018，说明所有自变量对因变量积极情绪的方差解释量仅为 1.8%，方程拟合程度较低，回归效果不佳；且 F 统计量为 2.267，p 值为 0.036，说明自变量与因变量之间不存在显著的线性回归关系。

表 6-11　积极情绪预测基线的回归分析结果

统计项 项 数 变量	Coefficients	Std. Error	p	R	R^2	Adjusted R^2
常数项	0.230	0.123	0.063			
性　别	-0.060	0.100	0.552			
年　龄	0.005	0.107	0.965			
学　历	-0.250	0.119	0.036*	0.178	0.032	0.018
初始情绪	0.124	0.048	0.011*			
情绪感染力	-0.064	0.049	0.189			
情绪易感性	0.039	0.050	0.436			

注：$N = 435$，* 表示 $p < 0.05$。

2. 情绪展示对积极情绪的影响

在研究"情绪展示对积极情绪影响"中的调节效应之前，先对情绪展

---

① 对不同影响条件下的积极情绪和消极情绪进行多元方差分析发现，交互效应项 M_1M_2 对积极情绪和消极情绪的影响不显著（$p_1 = 0.909$，$p_2 = 0.262$），交互效应项 XM_1M_2 对积极情绪和消极情绪的影响也不显著（$p_1 = 0.550$，$p_2 = 0.551$）。因此，本研究仅考虑 M_1 和 M_2 的调节效应。

示对积极情绪的影响进行检验。具体操作方法是在上一步预测基线回归方程的基础上，加入情绪展示这个自变量，仍以积极情绪作为因变量，采用 SPSS 软件进行多元线性回归分析。结果显示，性别、年龄、学历、情绪感染力和情绪易感性均对积极情绪没有显著影响；情绪展示在 0.001 的显著水平下对积极情绪有显著影响，影响系数为 0.762。回归方程的相关系数 R 为 0.779，多重判定系数 R^2 为 0.607，调整后的多重判定系数为 0.600，说明所有自变量对因变量积极情绪的方差解释量达到 60.0%，方程拟合程度较高，回归效果较好；且与预测基线回归方程比较，方差解释量增加了 58.2%，说明情绪展示对积极情绪的方差解释量为 58.2%。而且，F 统计量为 91.935，p 值小于 0.001，说明自变量与因变量之间存在显著的线性回归关系。另外，各自变量的容忍度为 0.925 ~ 0.990，方差膨胀因子为 1.011 ~ 1.082，说明各自变量之间不存在严重的共线性问题。因此，将各项数据综合分析可以看出，博客积极情绪展示越强，博客浏览者的积极情绪就越强；博客积极情绪展示越弱，博客浏览者的积极情绪就越弱。H1a 和 H1c 得到支持。

表 6 - 12　情绪展示对积极情绪主效应的回归分析结果

统计项　数项　变量	Coefficients	Std. Error	p	R	R^2	Adjusted R^2
常数项	0.071	0.079	0.370			
性　别	− 0.021	0.064	0.740			
年　龄	0.062	0.068	0.368			
学　历	− 0.101	0.076	0.184			
初始情绪	0.076	0.031	0.014*	0.779	0.607	0.600
情绪感染力	− 0.069	0.031	0.057			
情绪易感性	0.034	0.032	0.293			
情绪展示	0.762	0.031	0.000***			

注：$N = 435$，*** 表示 $p < 0.001$，* 表示 $p < 0.05$。

3. 调节变量在"情绪展示对积极情绪影响"中的调节效应检验

在研究情绪展示对积极情绪的主效应之后，对"情绪展示对积极情绪影响"中的调节效应进行检验。具体操作方法是在上一步主效应回归方程的基础上，加入情绪展示乘以情绪感染力、情绪展示乘以情绪易感性两个自变量，仍以积极情绪作为因变量，采用 SPSS 软件进行多元线性回归分析。结果显示，性别、年龄、学历、情绪感染力和情绪易感性均对积极情绪没有显著影响；情绪展示在 0.001 的显著水平下对积极情绪有显著影响，影响系数为 0.765；情绪展示乘以情绪感染力在 0.05 的显著水平下对积极情绪有显著影响，影响系数为 0.069；情绪展示乘以情绪易感性在 0.001 的显著水平下对积极情绪有显著影响，影响系数为 0.124。回归方程的相关系数 R 为 0.791，多重判定系数 R^2 为 0.626，调整后的多重判定系数为 0.618，说明所有自变量对因变量积极情绪的方差解释量达到 61.80%，方程拟合程度较高，回归效果较好；且与主效应回归方程比较，方差解释量增加了 1.8%，说明情绪感染力和情绪易感性的调节作用对积极情绪的方差解释量为 1.8%。而且，F 统计量为 77.229，p 值小于 0.001，说明自变量与因变量之间存在显著的线性回归关系。另外，各自变量的容忍度为 0.923~0.989，方差膨胀因子为 1.011~1.084，说明各自变量之间不存在严重的共线性问题。因此，将各项数据综合分析可以看出，与较弱的情绪感染力相比，较强的情绪感染力能强化"积极情绪展示对积极情绪的正向影响"（H2a），能强化"消极情绪展示对消极情绪的正向影响"（H2c）；与较低的情绪易感性相比，较高的情绪易感性能强化"积极情绪展示对积极情绪的正向影响"（H3a），能强化"消极情绪展示对消极情绪的正向影响"（H3c）。

表6-13 "情绪展示对积极情绪影响"中的调节效应分析结果

统计项 数项 变量	Coefficients	Std. Error	p	R	R^2	Adjusted R^2
常数项	0.061	0.077	0.431			
性　别	-0.017	0.062	0.785			
年　龄	0.099	0.067	0.144			
学　历	-0.106	0.075	0.155			
初始情绪	0.058	0.030	0.055			
情绪感染力	-0.069	0.030	0.053	0.791	0.626	0.618
情绪易感性	0.033	0.031	0.287			
情绪展示	0.765	0.030	0.000 ***			
情绪展示× 情绪感染力	0.069	0.030	0.022 *			
情绪展示× 情绪易感性	0.124	0.030	0.000 ***			

注：$N = 435$，*** 表示 $p < 0.001$，* 表示 $p < 0.05$。

6.5.3 "情绪展示对消极情绪影响"中的调节效应检验

该部分的调节效应检验主要包括消极情绪的预测基线分析、情绪展示对消极情绪影响分析、调节变量在"情绪展示对消极情绪影响"中的调节效应分析3个步骤。下面依次进行操作。

1. 消极情绪的预测基线

先探讨因变量的预测基线。本研究选择性别、年龄、学历、初始情绪、情绪感染力和情绪易感性作为自变量，消极情绪作为因变量，采用SPSS软件进行多元线性回归分析。结果显示，性别、年龄、情绪感染力和情绪易感性均对消极情绪没有显著影响。虽然学历（$p < 0.05$）和初始情绪（$p < 0.01$）对消极情绪有显著影响，但回归方程的相关系数 R 为0.177，多重判定系数 R^2 为0.031，调整后的多重判定系数为0.018，说明所有自变量对因变量消极情绪的方差解释量仅为1.8%，方程拟合程度较

低，回归效果不佳；且 F 统计量为 2.262，p 值为 0.037，说明自变量与因变量之间不存在显著的线性回归关系。

表 6-14　消极情绪预测基线的回归分析结果

统计项　数项　变量	Coefficients	Std. Error	p	R	R^2	Adjusted R^2
常数项	-0.241	0.124	0.052			
性　别	0.026	0.100	0.798			
年　龄	0.122	0.107	0.255			
学　历	0.236	0.119	0.049*	0.177	0.031	0.018
初始情绪	-0.139	0.048	0.004**			
情绪感染力	0.031	0.049	0.531			
情绪易感性	-0.044	0.050	0.380			

注：$N=435$，** 表示 $p<0.01$，* 表示 $p<0.05$。

2. 情绪展示对消极情绪的影响

在研究"情绪展示对消极情绪影响"中的调节效应之前，先对情绪展示对消极情绪的影响进行检验。具体操作方法是在上一步预测基线回归方程的基础上，加入情绪展示这个自变量，仍以消极情绪作为因变量，采用 SPSS 软件进行多元线性回归分析。结果显示，性别、年龄、学历、情绪感染力和情绪易感性均对消极情绪没有显著影响；情绪展示在 0.001 的显著水平下对消极情绪有显著影响，影响系数为 -0.785。回归方程的相关系数 R 为 0.799，多重判定系数 R^2 为 0.639，调整后的多重判定系数为 0.632，说明所有自变量对因变量消极情绪的方差解释量达到 63.2%，方程拟合程度较高，回归效果较好；且与预测基线回归方程比较，方差解释量增加了 61.4%，说明情绪展示对消极情绪的方差解释量为 61.4%。而且，F 统计量为 105.241，p 值小于 0.001，说明自变量与因变量之间存在显著的线性回归关系。另外，各自变量的容忍度为 0.925 ~ 0.990，方差膨胀因子为 1.011 ~ 1.082，说明各自变量之间不存在严重的共线性问题。因此，将各项数据综合分析可以看出，博客消极情绪展示越弱，博客浏览者的消极情绪就越弱；博客消极情绪展示越强，博客浏览者的消极情绪就越强。H1b 和 H1d 得到支持。

表6-15 情绪展示对消极情绪主效应的回归分析结果

统计项 数 项 变量	Coefficients	Std. Error	p	R	R^2	Adjusted R^2
常数项	-0.077	0.076	0.311			
性 别	-0.014	0.061	0.822			
年 龄	0.064	0.066	0.331			
学 历	0.083	0.073	0.258	0.799	0.639	0.632
初始情绪	-0.091	0.030	0.002**			
情绪感染力	0.036	0.030	0.232			
情绪易感性	-0.038	0.031	0.210			
情绪展示	-0.785	0.030	0.000***			

注：$N=435$，*** 表示 $p<0.001$，** 表示 $p<0.01$。

3. 调节变量在"情绪展示对消极情绪影响"中的调节效应检验

在研究情绪展示对消极情绪的主效应之后，对"情绪展示对消极情绪影响"中的调节效应进行检验。具体操作方法是在上一步主效应回归方程的基础上，加入情绪展示乘以情绪感染力、情绪展示乘以情绪易感性两个自变量，仍以消极情绪作为因变量，采用 SPSS 软件进行多元线性回归分析。结果显示，性别、年龄、学历、情绪感染力和情绪易感性均对消极情绪没有显著影响；情绪展示在 0.001 的显著水平下对消极情绪有显著影响，影响系数为 -0.786；情绪展示乘以情绪感染力在 0.05 的显著水平下对消极情绪有显著影响，影响系数为 -0.072；情绪展示乘以情绪易感性在 0.05 的显著水平下对消极情绪有显著影响，影响系数为 -0.065。回归方程的相关系数 R 为 0.805，多重判定系数 R^2 为 0.647，调整后的多重判定系数为 0.640，说明所有自变量对因变量消极情绪的方差解释量达到 64.0%，方程拟合程度较高，回归效果较好；且与主效应回归方程比较，方差解释量增加了 0.8%，说明情绪感染力和情绪易感性的调节作用对消极情绪的方差解释量为 0.8%。而且，F 统计量为 84.692，p 值小于 0.001，说明自变量与因变量之间存在显著的线性回归关系。另外，各自变量的容忍度为 0.923 ~ 0.989，方差膨胀因子为 1.011 ~ 1.084，说明各自变量之间不存在严重的共线性问题。因此，将各项数据综合分析可以看出，与较弱的情绪感染力相比，较强的情绪感染力能强化"积极情绪展示对消极情绪的负向影响"（H2b），能强化"消极情绪展示对积极情绪的负向影响"（H2d）；与较低的情绪易感性相比，较高的情绪易感性能强化"积极情绪展示对消极情绪的负向影响"（H3b），能强化"消极情绪展示对积极情绪的负向影响"（H3d）。

表 6 - 16　"情绪展示对消极情绪影响"中的调节效应分析结果

变量 \ 统计项 \ 数项	Coefficients	Std. Error	p	R	R^2	Adjusted R^2
常数项	-0.065	0.075	0.391			
性　别	-0.019	0.061	0.751			
年　龄	0.035	0.066	0.596			
学　历	0.082	0.073	0.258			
初始情绪	0.080	0.030	0.007**			
情绪感染力	-0.036	0.030	0.227	0.805	0.647	0.640
情绪易感性	-0.038	0.030	0.212			
情绪展示	-0.786	0.029	0.000***			
情绪展示 × 情绪感染力	-0.072	0.029	0.015*			
情绪展示 × 情绪易感性	-0.065	0.030	0.029*			

注：$N = 435$，*** 表示 $p < 0.001$，** 表示 $p < 0.01$，* 表示 $p < 0.05$。

综合以上调节效应检验的各项结果来看，情绪感染力和情绪易感性在"情绪展示对积极情绪和消极情绪的影响"中确实起到调节作用，假设 H3

和 H4 得到支持。

6.5.4 "情绪展示对旅游意向影响"中的中介效应检验

中介效应（Mediator effect）是指一个变量通过其他变量对某个变量产生影响。如果 X 通过 M 来影响 Y，则 M 为中介变量。其表达式和图式为：

$$Y = cX + e_1$$

$$M = aX + e_2$$

$$Y = c'X + bM + e_3$$

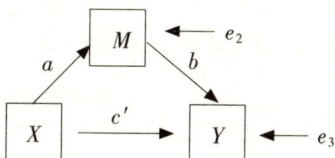

可见，依次做以上 3 个方程的回归分析，就可以估计和检验中介效应。首先，可以通过 a、b、c、c' 的估计值 a_0、b_0、c_0、c_0' 对中介效应进行估计，$a_0 b_0$ 或 $c_0 - c_0'$ 即中介效应的估计。一般情况下，用最小二乘法计算的 $a_0 b_0$ 和 $c_0 - c_0'$ 相等（MacKinnon et al.，1995）；还可以用 $a_0 b_0 / (c_0' + a_0 b_0)$ 和 $a_0 b_0 / c_0$ 测量中介效应的相对大小。另外，对中介效应进行估计后，要对其进行检验。一般通过 T 值来判断回归系数的显著性。若 $H_0: a = 0$ 被拒绝且 $H_0: b = 0$ 被拒绝，则中介效应显著，否则中介效应不显著。根据温忠麟（2004）对各种中介效应检验方法的比较和归纳，他提出一种操作性强、第一类错误和第二类错误概率都较小的检验程序，且该程序也适用于多个自变量和（或）多个中介变量的模型。其具体检验程序可以用下图表示：

检验系数 c —— 不显著

↓ 显著

检验系数 a、b

都显著 ↓　　　至少一个不显著 ↓

检验系数 c'　　　做 Sobel 检验

显著　不显著　　　显著　不显著

中介效　完全中介　　中介效　中介效应　　Y 与 X 相关不显著
应显著　效应显著　　应显著　不显著　　　停止中介效应分析

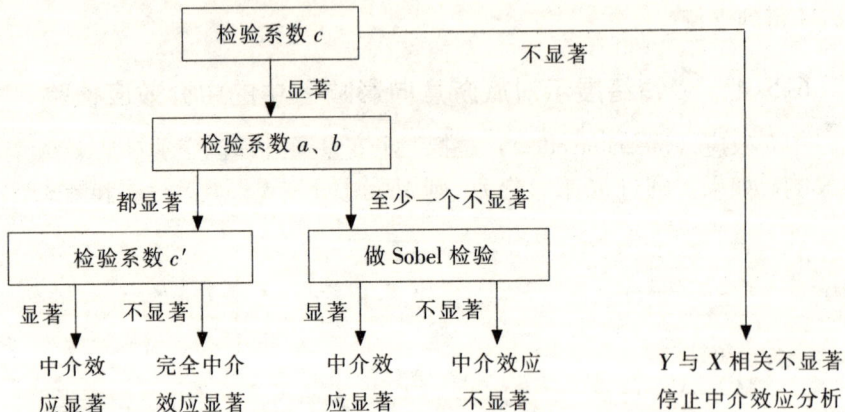

中介效应检验程序图

因此，按照这个程序，本研究的中介效应估计和检验主要包括旅游意向的预测基线分析，情绪展示对旅游意向影响分析（检验系数 c），情绪展示对积极情绪和消极情绪的影响分析（检验系数 a_1 和 a_2），情绪展示、积极情绪和消极情绪对旅游意向的影响分析（检验系数 b_1、b_2 和 c'）4 个主要步骤①。下面依次进行操作。

1. 旅游意向预测基线的回归分析

首先探讨因变量的预测基线。本部分选择性别、年龄、学历和初始情绪作为自变量，旅游意向作为因变量，采用 SPSS 软件进行多元线性回归分析。结果显示，性别、年龄和初始情绪对旅游意向没有显著影响。虽然学历在 0.05 的显著水平下对积极情绪有影响，但回归方程的相关系数 R 为 0.138，多重判定系数 R^2 为 0.019，调整后的多重判定系数为 0.010，说明所有自变量对因变量旅游意向的方差解释量仅为 1.0%，方程拟合程度较低，回归效果不佳；且 F 统计量为 2.035，p 值为 0.089，说明自变量与因变量之间不存在显著的线性回归关系。

———————

① 本研究采用温忠麟（2004）的观点，在实际应用中，如果同时存在中介变量 M_1 和 M_2，"一般不考虑交互效应项 M_1、M_2 的中介效应，因为解释起来比较困难"。本研究仅考虑 M_1 和 M_2 的中介效应，即检验以下 4 个方程：$Y = cX + e_3$；$M_1 = a_1X + e_{21}$；$M_2 = a_2X + e_{22}$；$Y = c'X + b_1M_1 + b_2M_2 + e_3$。

表6-17 旅游意向预测基线的回归分析结果

统计项 变量	Coefficients	Std. Error	p	R	R^2	Adjusted R^2
常数项	0.247	0.123	0.045*			
性 别	0.021	0.097	0.828			
年 龄	-0.096	0.106	0.367	0.138	0.019	0.010
学 历	-0.285	0.119	0.017*			
初始情绪	0.077	0.048	0.113			

注：$N=435$，*表示$p<0.05$。

2. 情绪展示对旅游意向的影响

在研究"情绪展示对旅游意向影响"中的中介效应之前，先对情绪展示对旅游意向的影响进行检验。具体操作方法是在上一步预测基线回归方程的基础上，加入情绪展示这个自变量，仍以旅游意向作为因变量，采用SPSS软件进行多元线性回归分析。结果显示，性别、年龄、学历和初始情绪均对旅游意向没有显著影响；情绪展示在0.001的显著水平下对消极情绪有显著影响，影响系数为0.820。回归方程的相关系数R为0.829，多重判定系数R^2为0.687，调整后的多重判定系数为0.683，说明所有自变量对因变量消极情绪的方差解释量达到68.3%，方程拟合程度较高，回归效果较好；且与预测基线回归方程比较，方差解释量增加了67.3%，说明情绪展示对旅游意向的方差解释量为67.3%。而且，F统计量为184.025，p值小于0.001，说明自变量与因变量之间存在显著的线性回归关系。另外，各自变量的容忍度为0.983~0.994，方差膨胀因子为1.006~1.018，说明各自变量之间不存在严重的共线性问题。因此，将各项数据综合分析，结果表明，博客情绪展示对博客浏览者旅游意向影响显著，系数c为0.820。积极情绪展示越高，旅游意向越强；积极情绪展示越低，旅游意向越弱。假设H4a和H4b得到支持。

表 6 − 18   情绪展示对旅游意向的回归分析结果

统计项 数 项 变量	Coefficients	Std. Error	p	R	R^2	Adjusted R^2
常数项	0.078	0.070	0.266			
性　别	0.059	0.055	0.285			
年　龄	− 0.033	0.060	0.585			
学　历	− 0.126	0.068	0.064	0.829	0.687	0.683
初始情绪	0.026	0.027	0.343			
情绪展示	0.820	0.027	0.000 ***			

注：$N = 435$，*** 表示 $p < 0.001$。

3. 情绪展示对积极情绪和消极情绪的影响

　　首先，对情绪展示对积极情绪的影响进行检验，选择性别、年龄、学历、初始情绪和情绪展示作为自变量，积极情绪作为因变量，采用 SPSS 软件进行多元线性回归分析。结果显示，性别、年龄和学历均对积极情绪没有显著影响；情绪展示在 0.001 的显著水平下对积极情绪有显著影响，影响系数为 0.762。回归方程的相关系数 R 为 0.775，多重判定系数 R^2 为 0.601，调整后的多重判定系数为 0.596，说明所有自变量对因变量的方差解释量达到 59.6%，方程拟合程度较高，回归效果较好。而且，F 统计量为 126.164，p 值小于 0.001，说明自变量与因变量之间存在显著的线性回归关系。另外，各自变量的容忍度为 0.983 ~ 0.994，方差膨胀因子为 1.006 ~ 1.018，说明各自变量之间不存在严重的共线性问题。因此，将各项数据综合分析，结果表明，博客情绪展示对博客浏览者积极情绪有显著影响，系数 a_1 为 0.762。

表 6 - 19 情绪展示对积极情绪的回归分析结果

统计项 数项 变量	Coefficients	Std. Error	p	R	R^2	Adjusted R^2
常数项	0.068	0.079	0.392			
性　别	− 0.016	0.062	0.796			
年　龄	0.076	0.068	0.266			
学　历	− 0.107	0.077	0.163	0.775	0.601	0.596
初始情绪	0.080	0.031	0.010 *			
情绪展示	0.762	0.031	0.000 ***			

注: $N = 435$ ，*** 表示 $p < 0.001$ ，* 表示 $p < 0.05$ 。

　　接下来，对情绪展示对消极情绪的影响进行检验，选择性别、年龄、学历、初始情绪和情绪展示作为自变量，消极情绪作为因变量，采用 SPSS 软件进行多元线性回归分析。结果显示，性别、年龄和学历均对消极情绪没有显著影响；情绪展示在 0.001 的显著水平下对消极情绪有显著影响，影响系数为 − 0.785。回归方程的相关系数 R 为 0.797，多重判定系数 R^2 为 0.636，调整后的多重判定系数为 0.631，说明所有自变量对因变量的方差解释量达到 63.1%，方程拟合程度较高，回归效果较好。而且，F 统计量为 146.302，p 值小于 0.001，说明自变量与因变量之间存在显著的线性回归关系。另外，各自变量的容忍度为 0.983 ~ 0.994，方差膨胀因子为 1.006 ~ 1.018，说明各自变量之间不存在严重的共线性问题。因此，将各项数据综合分析，结果表明，博客情绪展示对博客浏览者消极情绪有显著影响，系数 a_2 为 − 0.785。

表 6 - 20 情绪展示对消极情绪的回归分析结果

变量 \ 数项 \ 统计项	Coefficients	Std. Error	p	R	R^2	Adjusted R^2
常数项	- 0.070	0.076	0.356			
性　别	- 0.027	0.059	0.650			
年　龄	0.059	0.065	0.369	0.797	0.636	0.631
学　历	0.085	0.073	0.247			
初始情绪	- 0.093	0.030	0.002 **			
情绪展示	- 0.785	0.030	0.000 ***			

注: $N = 435$, *** 表示 $p < 0.001$, ** 表示 $p < 0.01$。

4. 情绪展示、积极情绪和消极情绪对旅游意向的影响

最后，在预测基线回归方程的基础上，加入情绪展示、积极情绪和消极情绪这三个自变量，仍以旅游意向作为因变量，采用 SPSS 软件进行多元线性回归分析。结果显示，性别、年龄、学历和初始情绪均对旅游意向没有显著影响；情绪展示、积极情绪和消极情绪均在 0.001 的显著水平下对旅游意向有显著影响，影响系数分别为 0.414、0.301 和 - 0.224；且可以看到，在加入积极情绪和消极情绪两个中介变量后，情绪展示对旅游意向的影响系数从原来的 0.820 降低到 0.414，中介效应明显。回归方程的相关系数 R 为 0.871，多重判定系数 R^2 为 0.758，调整后的多重判定系数为 0.754，说明所有自变量对因变量旅游意向的方差解释量达到 75.4%，方程拟合程度较高，回归效果较好。而且，F 统计量为 186.761，p 值小于 0.001，说明自变量与因变量之间存在显著的线性回归关系。因此，将各项数据综合分析，结果表明，情绪展示、积极情绪和消极情绪对旅游意向均有显著影响，系数分别为 $c' = 0.414$、$b_1 = 0.301$ 和 $b_2 = - 0.224$。假设 H5a、H5b、H6a 和 H6b 得到支持。

表6-21 情绪展示、积极情绪和消极情绪对旅游意向的回归分析结果

统计项 数项 变量	Coefficients	Std. Error	p	R	R^2	Adjusted R^2
常数项	0.042	0.062	0.499			
性　别	0.057	0.048	0.235			
年　龄	-0.043	0.053	0.423			
学　历	-0.075	0.060	0.213	0.871	0.758	0.754
初始情绪	-0.019	0.024	0.435			
情绪展示	0.414	0.044	0.000 ***			
积极情绪	0.301	0.040	0.000 ***			
消极情绪	-0.224	0.042	0.000 ***			

注：$N = 435$，*** 表示 $p < 0.001$。

综合以上中介检验的各项结果来看，回归方程系数 c、a_1、a_2、b_1 和 b_2 都显著，说明积极情绪 M_1 和消极情绪 M_2 在"情绪展示对旅游意向的影响"中起到中介作用；且系数 c' 也显著，说明是部分中介作用。

表6-22 中介效应检验结果归纳

回归方程	回归系数	回归系数显著性
$Y = 0.820X$	$c = 0.820$	$p < 0.001$
$M_1 = 0.762X$	$a_1 = 0.762$	$p < 0.001$
$M_2 = -0.785X$	$a_2 = -0.785$	$p < 0.001$
$Y = 0.414X + 0.301M_1 - 0.224M_2$	$c' = 0.414$ $b_1 = 0.301$ $b_2 = -0.224$	$p < 0.001$ $p < 0.001$ $p < 0.001$

6.6 本章小结

可见，通过对研究假设进行检验，结果表明，6 组假设均得到支持。

表 6 – 23　假设检验结果归纳

研究假设	结果
H1：博客情绪展示影响博客浏览者情绪	支持
H1a：博客积极情绪展示对博客浏览者积极情绪有正向影响	支持
H1b：博客积极情绪展示对博客浏览者消极情绪有负向影响	支持
H1c：博客消极情绪展示对博客浏览者积极情绪有负向影响	支持
H1d：博客消极情绪展示对博客浏览者消极情绪有正向影响	支持
H2：情绪感染力在"博客情绪展示对博客浏览者情绪的影响"中存在调节效应	支持
H2a：与较弱的情绪感染力相比，较强的情绪感染力能强化"积极情绪展示对积极情绪的正向影响"	支持
H2b：与较弱的情绪感染力相比，较强的情绪感染力能强化"积极情绪展示对消极情绪的负向影响"	支持
H2c：与较弱的情绪感染力相比，较强的情绪感染力能强化"消极情绪展示对消极情绪的正向影响"	支持
H2d：与较弱的情绪感染力相比，较强的情绪感染力能强化"消极情绪展示对积极情绪的负向影响"	支持
H3：情绪易感性在"博客情绪展示对博客浏览者情绪的影响"中存在调节效应	支持
H3a：与较低的情绪易感性相比，较高的情绪易感性能强化"积极情绪展示对积极情绪的正向影响"	支持

（续上表）

研究假设	结果
H3b：与较低的情绪易感性相比，较高的情绪易感性能强化"积极情绪展示对消极情绪的负向影响"	支持
H3c：与较低的情绪易感性相比，较高的情绪易感性能强化"消极情绪展示对消极情绪的正向影响"	支持
H3d：与较低的情绪易感性相比，较高的情绪易感性能强化"消极情绪展示对积极情绪的负向影响"	支持
H4：博客情绪展示影响博客浏览者的旅游意向	支持
H4a：博客积极情绪展示对旅游意向有正向影响	支持
H4b：博客消极情绪展示对旅游意向有负向影响	支持
H5：博客浏览者情绪影响其旅游意向	支持
H5a：博客浏览者积极情绪对旅游意向有正向影响	支持
H5b：博客浏览者消极情绪对旅游意向有负向影响	支持
H6：博客浏览者情绪在"情绪展示对旅游意向的影响"中起到中介作用	支持
H6a：博客浏览者积极情绪在"情绪展示对旅游意向的影响"中起到中介作用	支持
H6b：博客浏览者消极情绪在"情绪展示对旅游意向的影响"中起到中介作用	支持

研究结论与启示

7.1　研究结论

　　本章对全书进行归纳，总结研究结论、研究贡献及其研究结果启示，指出研究的局限性，并对今后的研究方向提出一些建议。

　　本书以情绪感染理论为基础，通过实证分析，探讨了网络背景下旅游博客情绪展示对博客浏览者旅游意向的影响，重点检验了情绪感染力和情绪易感性的调节作用，以及博客浏览者情绪的中介作用。主要研究结论如下：

　　1. 情绪感染现象在以旅游博客为载体的口碑传播中显著存在

　　通过探索性研究发现，旅游博客中的情绪展示普遍存在，且方式多种多样，主要有文字、图片、动画、音乐和视频等，其中，文字是最常见的方式。通过 8 组实验组研究发现，旅游博客情绪展示对博客浏览者情绪有显著影响，且不同情绪展示对博客浏览者情绪的影响不同。积极情绪展示对博客浏览者的积极情绪有正向作用，对其消极情绪有负向作用；消极情绪展示对博客浏览者的消极情绪有正向作用，对其积极情绪有负向作用。

　　2. 情绪感染力在"博客情绪展示对博客浏览者情绪的影响"过程中起到调节作用

　　通过探索性研究发现，旅游博客情绪感染力的强弱受到博客中语气助词、标点符号、修辞手法、动画表情以及博主性别和身份等因素的影响。通过实验控制研究发现，情绪感染力能强化"博客情绪展示对博客浏览者情绪的影响"，情绪感染力越强，调节作用越大，即情绪感染力越强，积极情绪展示对博客浏览者积极情绪的感染作用越大，消极情绪展示对博客浏览者消极情绪的感染作用越大。

　　3. 情绪易感性在"博客情绪展示对浏览者情绪的影响"过程中起到调节作用

　　通过探索性研究发现，旅游博客情绪易感性的高低受到博客浏览者年龄、性别和身份等因素的影响。通过数理统计控制研究发现，情绪易感性能强化"博客情绪展示对博客浏览者情绪的影响"，情绪易感性越高，调节作用越大，即情绪易感性越高，积极情绪展示对博客浏览者积极情绪的感染作用越大，消极情绪展示对博客浏览者消极情绪的感染作用越大。

4. 博客浏览者情绪在"情绪展示对旅游意向的影响"过程中起到中介作用

通过多层回归分析可以发现，旅游博客展示的情绪对博客浏览者的情绪和旅游意向有影响。具有积极情绪展示的博客容易使博客浏览者产生去该旅游地的意向，具有消极情绪展示的博客往往使浏览者对该旅游地产生抵制情绪；博客浏览者的积极情绪和消极情绪在这一过程中起到显著的中介作用，即旅游博客情绪展示通过博客浏览者情绪影响其旅游意向。

7.2 研究贡献

本书的主要贡献和创新之处体现在以下几个方面：

（1）从研究视角来看，首先，以往关于旅游意向的研究虽然较多，但多从现实环境因素出发，较少从虚拟世界的视角出发进行研究。本书将研究范围拓展到网络环境，并将网络博客作为影响旅游意向的重要因素进行探讨。结果发现，在网络环境中，旅游者的旅游意向受到网络信息（旅游博客）的影响。该研究为旅游意向相关研究提供了新的思路和视角。其次，以往研究多遵循西方经济学中的"理性人假设"，将旅游者视为"经济理性人"进行分析，认为旅游者的行为意向主要受到其感知的"收益/成本"的影响，其中，"收益"包括旅游过程中获得的体验和声誉等，"成本"包括旅游者花费的时间成本和经济成本等。本书突破"理性人假设"的局限，研究情绪因素对旅游意向的影响。研究发现，旅游意向受到情绪因素的影响，积极情绪对旅游意向有正向影响，消极情绪对旅游意向有负向影响。这一结论丰富了前人关于旅游意向的理论研究成果。

（2）从研究对象来看，以往关于网络旅游口碑的研究多以专门对酒店、景点进行简单评论和评分的网站为对象。从这些网站收集数据较方便，且样本量较大，但有些商家为了提高评价分数不择手段，如请人作虚假评分等，导致这些网站数据的真实性和可信度大打折扣。与评分网站上的信息相比，旅游博客中的信息较为详细、生动，且真实性强，其关于个人体验和感受的记录对博客浏览者的行为意向造成一定影响。因此，本书以旅游博客为研究对象，检验情绪展示在旅游博客中的普遍性，并对其产生的影响进行了深入研究。研究发现，旅游博客情绪展示会通过一系列调节因素和中介因素对旅游意向产生影响。这些结论丰富了网络旅游口碑相关理论。

（3）从研究内容来看，首先，虽然随着网络的普及，近年国内涌现了一些关于旅游博客的研究，但绝大多数是通过对旅游博客的内容分析，提炼出旅游者（博主）对目的地的形象感知，即研究旅游者的游后态度和行为。本书通过分析旅游博客情绪展示对旅游意向的影响，重点研究旅游者的游前态度和行为。研究结果认为，旅游者意向受其阅读的信息（博客）所传递出的情绪因素的影响。该研究为国内旅游博客研究提供了新的视角和方向。其次，以往关于情绪感染的研究多是在面对面的情境下开展，且多是研究"顾客—员工"或"领导—员工"之间的情绪感染。本书在国内首次将情绪感染理论应用到网络（文字）环境，并将其应用到"旅游者—旅游者"（博主—博客浏览者）之间，重点研究情绪感染力和情绪易感性在"情绪展示对旅游意向的影响"中的调节效应。研究发现，情绪感染力和情绪易感性的调节作用在网络环境下是适用的，其在"旅游者—旅游者"之间也同样适用。该结论拓展了情绪感染理论的应用范围和应用情境。

（4）从管理实践来看，本书为网络时代如何开展旅游营销活动提供了思路，并基于增强情绪感染力和针对易感人群的角度，从自建旅游博客平台和利用个人旅游博客两个方面提出了相关建议和意见。传统的打折、促销等营销活动可能已无法满足旅游者的需求，也无法适应新的竞争环境；引发和触动旅游者情绪，使其对旅游地（产品）产生良好的共鸣可能是影响其旅游意向和行为的重要手段。

7.3　研究结果启示

本书探讨了旅游博客情绪展示对博客浏览者旅游意向的影响，相关研究结果为企业实践及行业管理提供了一些启示。

1. 重视旅游博客在口碑传播中的重要作用

随着网络技术的发展和普及，人们越来越依赖其进行信息搜集和知识共享。而旅游博客作为分享个人体验和感知的大众化平台，已成为旅游口碑传播的重要渠道，也是影响旅游者行为意向的关键因素。因此，旅游企业必须重视旅游博客在口碑传播中的作用，并利用其进行相关营销活动。

首先，旅游企业可以利用旅游博客营销成本较低、信息发布方式灵活、互动性强等优点，通过自建旅游博客平台与网民建立良好关系。一般的企业网站会发布关于产品特色、线路报价等信息，但这些信息宣传目的性强、表达方式严肃，让人感觉可信度和亲和力不够。若以旅游博客的形式发布相关信息，容易引起旅游者的信任和共鸣。①企业的旅游博客平台可以是官方名义的，例如，春秋国旅在官网上开辟了博客栏目，不但定期发布旅游产品（服务）信息，还就网络热点事件进行评论，并与网友进行讨论和互动。②企业的旅游博客平台也可以是以高管个人名义发布的。这一类旅游博客往往是借助知名门户网站（如新浪、搜狐、腾讯、网易等）建立的，但其实质也是代表个人所属的企业。例如，春秋航空公司的董事长王正华在新浪网建立了个人博客，其中不但记录了个人行程、企业计划、营销活动和行业动态等，还定期对网友在线评论中提出的问题、意见和建议及时作出反馈。总之，不论是企业自建博客平台，还是借助门户网站开设博客，都可以塑造企业重视客户沟通的良好形象，加强企业与网民的友好关系，容易形成并传播正面口碑。

其次，旅游企业应善于发现网络博客中的意见领袖，并与其保持友好关系，甚至与其进行合作。意见领袖可以是权威人士、专家学者、演艺明星或在某些领域具有特殊影响力的人，其言论和评价往往对其他人产生较大影响。意见领袖可能是一位旅游专家，拥有广博的旅游专业知识；也可能是一位资深驴友，具有丰富的自助旅游经验；还可能是一位普通白领，其旅游博客拥有鲜明的个人风格和独到的见解。总之，他们能吸引博客浏览者的关注和信任，博客拥有较高的人气和号召力。因此，旅游企业应善于发现网络博客中的意见领袖，关注其对本企业产品（服务）的评价和意见，并及时作出反应。其言论能对网民产生较大影响时，可设法与其进行合作，例如，新西兰航空曾赞助国内演艺明星李冰冰全家畅游新西兰，该明星在新浪博客上展示了其新西兰旅游的全过程及感受。这一营销策略激发了国内旅游者赴新西兰旅游，而李冰冰乘坐的交通工具正是新西兰航空的班机（王乐鹏等，2011）。

2. 突出营销活动中的情绪展示

随着可支配收入的增加和物质生活的丰富，人们对精神和情感方面的追求日益重视。购买或体验某种产品（或服务）不再仅仅是为了满足自己物质需求或生理需求（如充饥、保暖），而更多是为了满足自身的心理需求，例如，使自己和家人快乐、高兴、愉悦等。但这些心理需求是产品（或服务）的体验性属性，人们无法在购买前对其进行准确评估和预测，甚至完全不知道该产品（或服务）能带来心理上的某种满足。可见，在营销活动中向顾客传递这一信息非常重要。尤其是作为体验性很强的旅游服务，其无形性的特点决定了旅游者较高的购买风险，对购买结果的不确定性势必会影响其旅游意愿。因此，强调价格优势、突出产品功能的营销手段可能效果甚微，旅游企业必须通过具有创新性的方法引起旅游者的心理共鸣，进而激发其旅游意愿。而情绪展示和情绪感染是达到共鸣的前提条件和有效手段，是营销活动至关重要的组成部分。

旅游企业可以从两个方面加强营销活动中情绪感染的效果。首先，应加强营销活动中的情绪感染力：第一，在营销推广的内容上，除了宣传展示产品（服务）的特点和价格等传统营销要素外，还应通过广告中的背景音乐、人物表情、故事情节等各种手段突出展示该产品（服务）能带给人们快乐、愉悦和欣喜等积极情绪体验。例如，在宣传某度假酒店时，除了展示该酒店的设施设备和服务特色，还应渲染在该酒店能享受到的愉悦和惊喜等积极情绪。第二，营销推广的形式可以多样化。除了传统的营销方式（如电视广告、现场推广等），网络的普及为软文广告营销提供了广阔的空间。旅游企业可以通过经历讲述、场景呈现等图文并茂的方法，在软文广告中加强积极情绪展示，刺激旅游者产生共鸣。例如，在利用网络软文推介某一旅游线路时，可以重点描述旅游者在该线路体验中的激动、陶醉等积极感受。通过标点符号、语气助词、修辞手法等锤炼语言表达，并上传实景真人照片，加强情绪感染力。

其次，旅游企业可以针对情绪易感人群进行情绪营销。根据 CNN（Cable News Network，美国有线电视新闻网）的一项调查结果显示，约70% 的旅游决策由女性作出；同时，一些研究表明，相较于男性，女性的情绪易感性更高。因此，女性群体在旅游决策中的重要性和较高的情绪易感性使其成为情绪营销的重点对象。旅游企业可以选择驴妈妈旅游网、搜狐女人网、新浪女性网等女性网民经常浏览的网站进行相关营销活动，且营销内容和形式应符合女性情绪特征和心理需求。例如，某旅游企业在某女性网站开展了主题为"后宫男神三千，不敌闺蜜一人"的营销活动，其通过旅游博客中的幽默段子、心情故事等方式，重点强调女性朋友一起出游时所获得的积极情绪体验。该营销广告在女性网民中传播甚广，取得了不错的营销效果。另外，除了女性外，年轻人也是情绪易感性较高的群体，他们不但是旅游者的重要组成部分，还是网民中的活跃分子。因此，旅游企业应将其作为网络营销的重点，针对其特点进行合适的情绪营销。

3. 加强对旅游博客情绪展示的管理和利用

由于网络口碑传播的匿名性，旅游者在网络上发表言论和抒发情绪时可能比现实中更加真实。旅游企业可以从网络口碑中得到更真实的反馈。但也存在另外一种情况：一些旅游者为了吸引其他网民注意或提高点击率，在旅游博客中的语言表达可能比现实中更加强烈和夸张，其展示出来的积极或消极情绪被放大，而网络口碑传播的广泛性和迅速性又进一步强化了这些情绪。当博客中展示和传播的积极或消极情绪达到一定程度时，会感染他人并对其行为意向和决策产生重要影响。因此，无论是旅游博客中真实的还是被放大的情绪展示，旅游企业都应对其进行管理和利用。

一方面，旅游企业要减少旅游博客中关于本企业旅游产品（服务）的消极情绪展示。这就要求旅游企业必须做到两点，一是从源头上减少消极情绪，即提高服务质量，满足旅游者需求，尽量不让旅游者产生消极情绪；若出现旅游者不满、投诉的情况，应充分重视并及时处理，避免其将消极情绪发泄到网络博客导致负面影响扩大。二是有计划性地、长期性地关注一些知名的、人气高的旅游博客平台，对有关本企业评价的博客进行跟踪，若发现影响较大的、点击率较高的、消极情绪明显的博客，应及时作出反馈：如果其描述属实，应联系博主，帮助其解决问题（可以通过博客"私信"或"小纸条"等功能联系博主）；如果是存在误会，应在博客"留言处"给予合理解释；如果是恶意中伤或故意造谣，可以采取法律手段进行处理。

另一方面，旅游企业要鼓励和引导旅游博客中关于本企业旅游产品（服务）的积极情绪展示。第一，针对已经体验过本企业产品（服务）的旅游者，旅游企业应鼓励其在博客发布和传播具有积极情绪的信息，例如，通过赠送积分或现金券等方式对进行积极情绪展示的博主给予奖励。广之旅国际旅行社曾针对参加过其旅游团的旅游者举行了一次旅游博客征文大赛，获奖者可得到价值100~2 000元的自游通卡；且转发这些博客的网民也可以参与相关抽奖项目。这一营销活动鼓励旅游者在博客上分享旅行体验和展示积极情绪，从而达到宣传和推广企业产品（服务）、塑造良好形象的目的。第二，针对暂未体验过本企业产品（服务）的潜在旅游者，旅游企业可以将其变成现实旅游者并引导其在博客上发布积极情绪展示的信息。例如，举办网友体验活动，邀请其体验本企业的旅游产品（服务），并请其将个人体验和感受发布在博客上。曾有某知名旅游企业针对网民举办了一次旅游线路设计比赛，有位网友设计了一条从漠河沿国境线南下的自驾游线路，并亲自体验，而且将沿途拍摄的风光照片和撰写的旅行游记在其博客上发布。短时间内，该博客的点击率突破数万人次，并被各大媒体报道。结果是双赢的，旅游者的博客人气得到很大提升，旅游企业也达到了免费宣传的目的（王乐鹏等，2011）。

　　综上所述，旅游企业应重视网络口碑传播，应对博客情绪展示进行管理和利用，其相关管理体系可以总结归纳为下图：

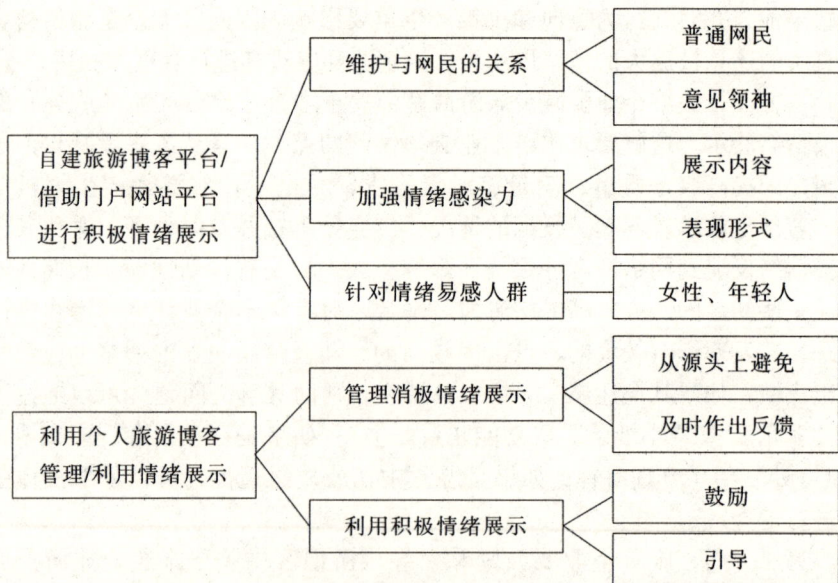

旅游博客情绪展示管理体系图

7.4   研究局限与展望

7.4.1   研究局限

由于时间、费用及个人能力等主客观原因，本书仍不可避免存在一些局限性，主要有以下几点：

1. 未对不同类型博客浏览者进行比较研究

书中研究的样本量符合统计推断的要求，研究结论也达到了统计检验的显著水平，但未对不同类型的博客浏览者进行分类研究和比较。例如，不同人口统计特征的群体在情绪感染过程中可能会有不同的反应。Abel 等（2007）认为，女性更容易受到情绪感染；成达建（2011）认为，学历高、年龄大的人情绪易感性较低。那么，这些人情绪易感性的调节作用与其他群体可能存在差异。

2. 未对旅游博客的不同情绪展示方式进行综合分析

书中仅分析了文字描述这种旅游博客的情绪展示方式，但除了文字描述以外，旅游博客还可以通过其他不同的表达形式来进行情绪展示，例如：旅游博客中一组笑容灿烂的照片可能展示了"开心"的情绪，一段轻松欢快的背景音乐可能表达了"愉悦"的情绪，一段服务人员违规操作的视频可能传递了"愤怒"的情绪等。不同形式的情绪展示可能对博客浏览者的影响不同。另外，即使是同一种形式的情绪展示，也可以细分为不同的类型，例如文字表达可以分为记叙型、议论型和诗歌型等。这些不同类型的文字表达形式可能对博客浏览者产生不同的影响。本书仅分析了记叙型这种文字描述类型对博客浏览者的影响。

3. 未考虑博主与博客浏览者的关系强度

书中仅分析了博主文字的情绪感染力和博客浏览者的情绪易感性对情绪感染过程的调节效应，但博主与博客浏览者的关系强度可能是影响这一过程的重要因素。例如，博主与博客浏览者之间关系越亲密（如好朋友关系），他们之间的共鸣越强，可能感染作用越大；博主与博客浏览者之间关系越疏远（如陌生人关系），他们之间的共鸣越弱，可能感染作用越小。

4. 实验法在操作上具有一定的局限性

书中主要采用实验法对相关变量进行控制和操纵，让受访者阅读特定的博客内容，再根据受访者阅读后的情绪反应进行相应分析。其研究结果具有较高的内部效度（即实验中自变量与因变量之间因果关系的明确程度）。但是，正因为实验法是人为控制和操纵了某些变量，其外部效度（即实验结果在其他人群或环境中的适用程度，又称生态效度）可能不高，结论的推广性受到局限。

7.4.2 研究展望

为了增加研究结论的普适性和实践指导性，针对上面几点局限性，今后的研究可以从以下几个方面进一步深化：

1. 对不同类型博客浏览者进行比较研究

情绪感染过程和程度由于个体特征不同而存在差异，不同类型博客浏览者对情绪展示的反应可能不同，今后的研究可以按照不同人口特征（如性别、年龄、学历、收入和职业等）将人群进行分类，比较他们之间的情绪感染差异。还可以根据浏览博客的动机将人群分类（如享乐型、求知型、交流型等），分析他们之间情绪感染过程有何不同。另外，还可以基于情绪特质将人群分类。例如，对魅力型（强感染力—高易感性）、率直型（强感染力—低易感性）、移情型（弱感染力—高易感性）和麻木型（弱感染力—弱易感性）的人群进行比较分析。

2. 对旅游博客的不同情绪展示方式进行综合分析

随着网络技术的发展，旅游博客情绪展示的形式也越来越丰富。今后的研究对象可以突破文字的局限，拓展到照片、音乐、视频等形式的情绪展示。这也对实验法的操作提出了更高的要求。受访者可能需要在特定的场所（如实验室）面对电脑进行测验，在真正的网络环境下阅读文字、浏览照片、聆听音乐和观看视频等。这种环境下的实验结果可能更接近实际情况。研究者可以将不同的旅游博客情绪感染形式进行比较分析。

3. 进一步研究不同调节变量在情绪感染作用中的效应

影响博客浏览者情绪感染的因素很多，研究者可以探讨除了情绪感染力和情绪易感性之外的其他变量对情绪感染的影响。例如，博主与博客浏览者之间的关系强度就是一个重要的调节因素。两者的关系强度越高，其相互熟悉度和信任度越高，情绪感染作用可能越大。另外，不同变量的调节方向和程度可能不同。例如，博客浏览者的旅游经验越丰富，对旅游信息的认知越成熟，可能博客情绪展示对其情绪的影响反而越小。研究者可以比较情绪感染过程中不同变量的调节方向和程度。

4. 对博客浏览者实验前后的情绪状态和旅游意向进行纵向比较

受访者的情绪在很大程度上受到初始情绪的影响。本书虽然测量了初始情绪，但仅将其作为主效应中的协变量处理，并未对其数据进行深入挖掘和利用。今后的研究可以将初始情绪与实验后情绪进行对比研究，从而得出更有说服力的结论。另外，还可以比较博客浏览者实验前后的旅游意向。先测量受访者对某个旅游地的旅游意向，然后让其阅读关于该旅游地的博客，最后再次测量其旅游意向。对前后旅游意向的差异进行比较研究，可以更准确地判断旅游博客对旅游意向的影响程度和影响方向。

附　录

附录一　调查问卷（积极情绪展示—强感染力）

　　您好！我们正在进行一项关于"旅游博客和个人情绪"的课题研究，希望您能花几分钟完成这份问卷。答案没有对错之分，我们只想了解您的真实想法。您的意见对我们的研究非常重要。所有问卷会放在一起加总分析，不会泄露个人信息，请放心填写。谢谢！

● 您在网上浏览过旅游方面的博客吗？　　A. 有（继续作答）
　　　　　　　　　　　　　　　　　　　　B. 没有（终止作答）

● 请根据您的实际情况，对以下描述进行打分。1 表示"非常不赞同"，5 表示"非常赞同"。

---

1. 我现在心情不错。
   1 非常不赞同　　　　2 比较不赞同　　　　3 一般
   4 比较赞同　　　　　5 非常赞同
2. 我现在感到高兴。
   1 非常不赞同　　　　2 比较不赞同　　　　3 一般
   4 比较赞同　　　　　5 非常赞同
3. 我现在觉得愉快。
   1 非常不赞同　　　　2 比较不赞同　　　　3 一般
   4 比较赞同　　　　　5 非常赞同
4. 我现在感觉不开心。
   1 非常不赞同　　　　2 比较不赞同　　　　3 一般
   4 比较赞同　　　　　5 非常赞同

---

5. 当别人向我微笑，我会感到快乐。
   1 非常不赞同　　　　2 比较不赞同　　　　3 一般
   4 比较赞同　　　　　5 非常赞同

6. 周围意志消沉的人会让我感到精神萎靡。
   1 非常不赞同   2 比较不赞同   3 一般
   4 比较赞同   5 非常赞同

7. 我会敏锐地捕捉他人的情绪变化。
   1 非常不赞同   2 比较不赞同   3 一般
   4 比较赞同   5 非常赞同

8. 看到他人挑衅的面孔，我会马上愤怒。
   1 非常不赞同   2 比较不赞同   3 一般
   4 比较赞同   5 非常赞同

9. 我在意他人的情绪变化。
   1 非常不赞同   2 比较不赞同   3 一般
   4 比较赞同   5 非常赞同

10. 同我喜欢的人在一起使我心情快乐。
    1 非常不赞同   2 比较不赞同   3 一般
    4 比较赞同   5 非常赞同

11. 看到剧烈争吵的场面，我会心跳加快。
    1 非常不赞同   2 比较不赞同   3 一般
    4 比较赞同   5 非常赞同

12. 如果跟我说话的人哭起来，我也会掉眼泪。
    1 非常不赞同   2 比较不赞同   3 一般
    4 比较赞同   5 非常赞同

13. 别人大笑的时候，我也会跟着笑。
    1 非常不赞同   2 比较不赞同   3 一般
    4 比较赞同   5 非常赞同

● **下面是一段摘自网络的旅游博客，请阅读。**

　　没想到顺利地订到了一家特色酒店，高端大气上档次！环境好，服务佳，服务生还那么帅……下午直奔目的地。比起一些所谓的热门旅游景点，这里真是让人心旷神怡啊！不见人头攒动的游客，没有吆喝拉客的小贩，有的只是静谧和安详。天空蓝得不像真的，湖水澄净得能看到鱼儿游弋，几只小羊悠闲地啃着青草，身穿少数民族服饰的牧童懒懒地晒着太阳，时间仿佛静止了……

● 请根据以上博客内容，选择符合您真实想法的选项。

---

14. 我在网上看到过类似的博客内容。
     1 非常不赞同　　　　2 比较不赞同　　　　3 一般
     4 比较赞同　　　　　5 非常赞同

15. 我觉得以上博客对该旅游地的评价是正面的。
     1 非常不赞同　　　　2 比较不赞同　　　　3 一般
     4 比较赞同　　　　　5 非常赞同

16. 我觉得以上博客的文字描述具有感染力。
     1 非常不赞同　　　　2 比较不赞同　　　　3 一般
     4 比较赞同　　　　　5 非常赞同

17. 看完以上博客内容，我感到愉快。
     1 非常不赞同　　　　2 比较不赞同　　　　3 一般
     4 比较赞同　　　　　5 非常赞同

18. 看完以上博客内容，我感到高兴。
     1 非常不赞同　　　　2 比较不赞同　　　　3 一般
     4 比较赞同　　　　　5 非常赞同

19. 看完以上博客内容，我觉得心情舒畅。
     1 非常不赞同　　　　2 比较不赞同　　　　3 一般
     4 比较赞同　　　　　5 非常赞同

20. 看完以上博客内容，我感到郁闷。
     1 非常不赞同　　　　2 比较不赞同　　　　3 一般
     4 比较赞同　　　　　5 非常赞同

21. 看完以上博客内容，我感到失望。
     1 非常不赞同　　　　2 比较不赞同　　　　3 一般
     4 比较赞同　　　　　5 非常赞同

22. 看完以上博客内容，我感到生气。
     1 非常不赞同　　　　2 比较不赞同　　　　3 一般
     4 比较赞同　　　　　5 非常赞同

---

23. 以上博客描述的旅游地是一个不错的旅游目的地。
     1 非常不赞同　　　　2 比较不赞同　　　　3 一般
     4 比较赞同　　　　　5 非常赞同

24. 如果有旅游机会，我会将以上博客的描述对象作为旅游目的地。
    1 非常不赞同   2 比较不赞同   3 一般
    4 比较赞同   5 非常赞同

● **个人信息**

25. 您的性别：①男   ②女

26. 您的年龄：①20 岁及以下   ②21~30 岁   ③31~40 岁
               ④41~50 岁   ⑤51 岁及以上

27. 您的学历：①初中及以下   ②高中/中专   ③大专
               ④本科   ⑤研究生

28. 您的职业：①公务员   ②事业单位员工   ③企业员工
               ④教师   ⑤军人   ⑥自由职业者
               ⑦个体户/私营业主   ⑧退休人员   ⑨学生
               ⑩其他

附录二　调查问卷（积极情绪展示—弱感染力）

您好！我们正在进行一项关于"旅游博客和个人情绪"的课题研究，希望您能花几分钟完成这份问卷。答案没有对错之分，我们只想了解您的真实想法。您的意见对我们的研究非常重要。所有问卷会放在一起加总分析，不会泄露个人信息，请放心填写。谢谢！

● 您在网上浏览过旅游方面的博客吗？　　A. 有（继续作答）

　　　　　　　　　　　　　　　　　　　B. 没有（终止作答）

● 请根据您的实际情况，对以下描述进行打分。1 表示"非常不赞同"，5 表示"非常赞同"。

---

1. 我现在心情不错。
   1 非常不赞同　　　　　2 比较不赞同　　　　　3 一般
   4 比较赞同　　　　　　5 非常赞同
2. 我现在感到高兴。
   1 非常不赞同　　　　　2 比较不赞同　　　　　3 一般
   4 比较赞同　　　　　　5 非常赞同
3. 我现在觉得愉快。
   1 非常不赞同　　　　　2 比较不赞同　　　　　3 一般
   4 比较赞同　　　　　　5 非常赞同
4. 我现在感觉不开心。
   1 非常不赞同　　　　　2 比较不赞同　　　　　3 一般
   4 比较赞同　　　　　　5 非常赞同

---

5. 当别人向我微笑，我会感到快乐。
   1 非常不赞同　　　　　2 比较不赞同　　　　　3 一般
   4 比较赞同　　　　　　5 非常赞同

6. 周围意志消沉的人会让我感到精神萎靡。
   1 非常不赞同　　　　　2 比较不赞同　　　　　3 一般
   4 比较赞同　　　　　　5 非常赞同

7. 我会敏锐地捕捉他人的情绪变化。
   1 非常不赞同　　　　　2 比较不赞同　　　　　3 一般
   4 比较赞同　　　　　　5 非常赞同

8. 看到他人挑衅的面孔，我会马上愤怒。
   1 非常不赞同　　　　　2 比较不赞同　　　　　3 一般
   4 比较赞同　　　　　　5 非常赞同

9. 我在意他人的情绪变化。
   1 非常不赞同　　　　　2 比较不赞同　　　　　3 一般
   4 比较赞同　　　　　　5 非常赞同

10. 同我喜欢的人在一起使我心情快乐。
    1 非常不赞同　　　　　2 比较不赞同　　　　　3 一般
    4 比较赞同　　　　　　5 非常赞同

11. 看到剧烈争吵的场面，我会心跳加快。
    1 非常不赞同　　　　　2 比较不赞同　　　　　3 一般
    4 比较赞同　　　　　　5 非常赞同

12. 如果跟我说话的人哭起来，我也会掉眼泪。
    1 非常不赞同　　　　　2 比较不赞同　　　　　3 一般
    4 比较赞同　　　　　　5 非常赞同

13. 别人大笑的时候，我也会跟着笑。
    1 非常不赞同　　　　　2 比较不赞同　　　　　3 一般
    4 比较赞同　　　　　　5 非常赞同

● 下面是一段摘自网络的旅游博客，请阅读。

　　我们顺利订到了一家特色酒店，高档、环境好、服务好，服务生也帅。下午，我们直奔目的地。比起一些所谓的热门旅游景点，这里真是不错。游客不多，也没有喧闹拉客的小贩，环境挺安静的。天空很蓝，湖水很清，湖边几只羊在吃草，还有身穿少数民族服饰的牧童在晒太阳，很清静。

● **请根据以上博客内容，选择符合您真实想法的选项。**

14. 我在网上看到过类似的博客内容。
　　1 非常不赞同　　　　2 比较不赞同　　　　3 一般
　　4 比较赞同　　　　　5 非常赞同

15. 我觉得以上博客对该旅游地的评价是正面的。
　　1 非常不赞同　　　　2 比较不赞同　　　　3 一般
　　4 比较赞同　　　　　5 非常赞同

16. 我觉得以上博客的文字描述具有感染力。
　　1 非常不赞同　　　　2 比较不赞同　　　　3 一般
　　4 比较赞同　　　　　5 非常赞同

---

17. 看完以上博客内容，我感到愉快。
　　1 非常不赞同　　　　2 比较不赞同　　　　3 一般
　　4 比较赞同　　　　　5 非常赞同

18. 看完以上博客内容，我感到高兴。
　　1 非常不赞同　　　　2 比较不赞同　　　　3 一般
　　4 比较赞同　　　　　5 非常赞同

19. 看完以上博客内容，我觉得心情舒畅。
　　1 非常不赞同　　　　2 比较不赞同　　　　3 一般
　　4 比较赞同　　　　　5 非常赞同

20. 看完以上博客内容，我感到郁闷。
　　1 非常不赞同　　　　2 比较不赞同　　　　3 一般
　　4 比较赞同　　　　　5 非常赞同

21. 看完以上博客内容，我感到失望。
　　1 非常不赞同　　　　2 比较不赞同　　　　3 一般
　　4 比较赞同　　　　　5 非常赞同

22. 看完以上博客内容，我感到生气。
　　1 非常不赞同　　　　2 比较不赞同　　　　3 一般
　　4 比较赞同　　　　　5 非常赞同

---

23. 以上博客描述的旅游地是一个不错的旅游目的地。
　　1 非常不赞同　　　　2 比较不赞同　　　　3 一般
　　4 比较赞同　　　　　5 非常赞同

24. 如果有旅游机会，我会将以上博客的描述对象作为旅游目的地。
  1 非常不赞同　　　　2 比较不赞同　　　　3 一般
  4 比较赞同　　　　　5 非常赞同

● **个人信息**

25. 您的性别：①男　　　　　　　②女

26. 您的年龄：①20 岁及以下　　②21～30 岁　　③31～40 岁
　　　　　　　④41～50 岁　　　⑤51 岁及以上

27. 您的学历：①初中及以下　　②高中/中专　　③大专
　　　　　　　④本科　　　　　⑤研究生

28. 您的职业：①公务员　　　　②事业单位员工　　③企业员工
　　　　　　　④教师　　　　　⑤军人　　　　　⑥自由职业者
　　　　　　　⑦个体户/私营业主　⑧退休人员　　⑨学生
　　　　　　　⑩其他

附录三 调查问卷（消极情绪展示—强感染力）

您好！我们正在进行一项关于"旅游博客和个人情绪"的课题研究，希望您能花几分钟完成这份问卷。答案没有对错之分，我们只想了解您的真实想法。您的意见对我们的研究非常重要。所有问卷会放在一起加总分析，不会泄露个人信息，请放心填写。谢谢！

● 您在网上浏览过旅游方面的博客吗？　　　A. 有（继续作答）

　　　　　　　　　　　　　　　　　　　　B. 没有（终止作答）

● 请根据您的实际情况，对以下描述进行打分。1 表示"非常不赞同"，5 表示"非常赞同"。

---

1. 我现在心情不错。
   1 非常不赞同　　　　　2 比较不赞同　　　　　3 一般
   4 比较赞同　　　　　　5 非常赞同

2. 我现在感到高兴。
   1 非常不赞同　　　　　2 比较不赞同　　　　　3 一般
   4 比较赞同　　　　　　5 非常赞同

3. 我现在觉得愉快。
   1 非常不赞同　　　　　2 比较不赞同　　　　　3 一般
   4 比较赞同　　　　　　5 非常赞同

4. 我现在感觉不开心。
   1 非常不赞同　　　　　2 比较不赞同　　　　　3 一般
   4 比较赞同　　　　　　5 非常赞同

---

5. 当别人向我微笑，我会感到快乐。
   1 非常不赞同　　　　　2 比较不赞同　　　　　3 一般
   4 比较赞同　　　　　　5 非常赞同

6. 周围意志消沉的人会让我感到精神萎靡。
　　1 非常不赞同　　　　　2 比较不赞同　　　　3 一般
　　4 比较赞同　　　　　　5 非常赞同

7. 我会敏锐地捕捉他人的情绪变化。
　　1 非常不赞同　　　　　2 比较不赞同　　　　3 一般
　　4 比较赞同　　　　　　5 非常赞同

8. 看到他人挑衅的面孔，我会马上愤怒。
　　1 非常不赞同　　　　　2 比较不赞同　　　　3 一般
　　4 比较赞同　　　　　　5 非常赞同

9. 我在意他人的情绪变化。
　　1 非常不赞同　　　　　2 比较不赞同　　　　3 一般
　　4 比较赞同　　　　　　5 非常赞同

10. 同我喜欢的人在一起使我心情快乐。
　　1 非常不赞同　　　　　2 比较不赞同　　　　3 一般
　　4 比较赞同　　　　　　5 非常赞同

11. 看到剧烈争吵的场面，我会心跳加快。
　　1 非常不赞同　　　　　2 比较不赞同　　　　3 一般
　　4 比较赞同　　　　　　5 非常赞同

12. 如果跟我说话的人哭起来，我也会掉眼泪。
　　1 非常不赞同　　　　　2 比较不赞同　　　　3 一般
　　4 比较赞同　　　　　　5 非常赞同

13. 别人大笑的时候，我也会跟着笑。
　　1 非常不赞同　　　　　2 比较不赞同　　　　3 一般
　　4 比较赞同　　　　　　5 非常赞同

● 下面是一段摘自网络的旅游博客，请阅读。

　　这也叫国家级旅游景区？酒店餐厅的饭菜实在难以下咽，房间连空调都没有！风景呢，和宣传的相差十万八千里！景区里到处都是小贩！三个字，脏乱差！我不小心碰了一个小贩的东西，结果被逼着非买不可！抢钱啊？还有，说起讲解员更来气！讲解没几句，就要我们买香火敬神，还说不买的"不是没钱就是有病"。真后悔来了这鬼地方！下次再也不来了！！！

● **请根据以上博客内容，选择符合您真实想法的选项。**

14. 我在网上看到过类似的博客内容。
　　1 非常不赞同　　　　2 比较不赞同　　　　3 一般
　　4 比较赞同　　　　　5 非常赞同

15. 我觉得以上博客对该旅游地的评价是正面的。
　　1 非常不赞同　　　　2 比较不赞同　　　　3 一般
　　4 比较赞同　　　　　5 非常赞同

16. 我觉得以上博客的文字描述具有感染力。
　　1 非常不赞同　　　　2 比较不赞同　　　　3 一般
　　4 比较赞同　　　　　5 非常赞同

---

17. 看完以上博客内容，我感到愉快。
　　1 非常不赞同　　　　2 比较不赞同　　　　3 一般
　　4 比较赞同　　　　　5 非常赞同

18. 看完以上博客内容，我感到高兴。
　　1 非常不赞同　　　　2 比较不赞同　　　　3 一般
　　4 比较赞同　　　　　5 非常赞同

19. 看完以上博客内容，我觉得心情舒畅。
　　1 非常不赞同　　　　2 比较不赞同　　　　3 一般
　　4 比较赞同　　　　　5 非常赞同

20. 看完以上博客内容，我感到郁闷。
　　1 非常不赞同　　　　2 比较不赞同　　　　3 一般
　　4 比较赞同　　　　　5 非常赞同

21. 看完以上博客内容，我感到失望。
　　1 非常不赞同　　　　2 比较不赞同　　　　3 一般
　　4 比较赞同　　　　　5 非常赞同

22. 看完以上博客内容，我感到生气。
　　1 非常不赞同　　　　2 比较不赞同　　　　3 一般
　　4 比较赞同　　　　　5 非常赞同

---

23. 以上博客描述的旅游地是一个不错的旅游目的地。
　　1 非常不赞同　　　　2 比较不赞同　　　　3 一般
　　4 比较赞同　　　　　5 非常赞同

24. 如果有旅游机会，我会将以上博客的描述对象作为旅游目的地。
　　1 非常不赞同　　　　　2 比较不赞同　　　　　3 一般
　　4 比较赞同　　　　　　5 非常赞同

● **个人信息**

25. 您的性别：①男　　　　　　　②女
26. 您的年龄：①20 岁及以下　　②21~30 岁　　　③31~40 岁
　　　　　　　④41~50 岁　　　⑤51 岁及以上
27. 您的学历：①初中及以下　　②高中/中专　　　③大专
　　　　　　　④本科　　　　　⑤研究生
28. 您的职业：①公务员　　　　②事业单位员工　③企业员工
　　　　　　　④教师　　　　　⑤军人　　　　　⑥自由职业者
　　　　　　　⑦个体户/私营业主　⑧退休人员　　⑨学生
　　　　　　　⑩其他

附录四　调查问卷（消极情绪展示—弱感染力）

　　您好！我们正在进行一项关于"旅游博客和个人情绪"的课题研究，希望您能花几分钟完成这份问卷。答案没有对错之分，我们只想了解您的真实想法。您的意见对我们的研究非常重要。所有问卷会放在一起加总分析，不会泄露个人信息，请放心填写。谢谢！

● 您在网上浏览过旅游方面的博客吗？　　A. 有（继续作答）
　　　　　　　　　　　　　　　　　　　　B. 没有（终止作答）

● 请根据您的实际情况，对以下描述进行打分。1 表示"非常不赞同"，5 表示"非常赞同"。

---

1. 我现在心情不错。
   1 非常不赞同　　　　　2 比较不赞同　　　　3 一般
   4 比较赞同　　　　　　5 非常赞同

2. 我现在感到高兴。
   1 非常不赞同　　　　　2 比较不赞同　　　　3 一般
   4 比较赞同　　　　　　5 非常赞同

3. 我现在觉得愉快。
   1 非常不赞同　　　　　2 比较不赞同　　　　3 一般
   4 比较赞同　　　　　　5 非常赞同

4. 我现在感觉不开心。
   1 非常不赞同　　　　　2 比较不赞同　　　　3 一般
   4 比较赞同　　　　　　5 非常赞同

---

5. 当别人向我微笑，我会感到快乐。
   1 非常不赞同　　　　　2 比较不赞同　　　　3 一般
   4 比较赞同　　　　　　5 非常赞同

6. 周围意志消沉的人会让我感到精神萎靡。
　　1 非常不赞同　　　　　2 比较不赞同　　　　3 一般
　　4 比较赞同　　　　　　5 非常赞同

7. 我会敏锐地捕捉他人的情绪变化。
　　1 非常不赞同　　　　　2 比较不赞同　　　　3 一般
　　4 比较赞同　　　　　　5 非常赞同

8. 看到他人挑衅的面孔，我会马上愤怒。
　　1 非常不赞同　　　　　2 比较不赞同　　　　3 一般
　　4 比较赞同　　　　　　5 非常赞同

9. 我在意他人的情绪变化。
　　1 非常不赞同　　　　　2 比较不赞同　　　　3 一般
　　4 比较赞同　　　　　　5 非常赞同

10. 同我喜欢的人在一起使我心情快乐。
　　1 非常不赞同　　　　　2 比较不赞同　　　　3 一般
　　4 比较赞同　　　　　　5 非常赞同

11. 看到剧烈争吵的场面，我会心跳加快。
　　1 非常不赞同　　　　　2 比较不赞同　　　　3 一般
　　4 比较赞同　　　　　　5 非常赞同

12. 如果跟我说话的人哭起来，我也会掉眼泪。
　　1 非常不赞同　　　　　2 比较不赞同　　　　3 一般
　　4 比较赞同　　　　　　5 非常赞同

13. 别人大笑的时候，我也会跟着笑。
　　1 非常不赞同　　　　　2 比较不赞同　　　　3 一般
　　4 比较赞同　　　　　　5 非常赞同

● **下面是一段摘自网络的旅游博客，请阅读。**

　　这不像是国家级旅游景区。酒店餐厅的饭菜太难吃了，房间也没有空调，景致和宣传的差距很大。景区里到处是小贩，弄得景区很脏乱。我不小心碰了一个小贩的东西，结果他一定要我买。还有，讲解员也让人不满，讲解很少，只知道要我们买香火敬神，说不买的"不是没钱就是有病"。后悔来了这里，下次不会来了。

● **请根据以上博客内容，选择符合您真实想法的选项。**

14. 我在网上看到过类似的博客内容。
　　1 非常不赞同　　　　　2 比较不赞同　　　　3 一般
　　4 比较赞同　　　　　　5 非常赞同

15. 我觉得以上博客对该旅游地的评价是正面的。
　　1 非常不赞同　　　　　2 比较不赞同　　　　3 一般
　　4 比较赞同　　　　　　5 非常赞同

16. 我觉得以上博客的文字描述具有感染力。
　　1 非常不赞同　　　　　2 比较不赞同　　　　3 一般
　　4 比较赞同　　　　　　5 非常赞同

---

17. 看完以上博客内容，我感到愉快。
　　1 非常不赞同　　　　　2 比较不赞同　　　　3 一般
　　4 比较赞同　　　　　　5 非常赞同

18. 看完以上博客内容，我感到高兴。
　　1 非常不赞同　　　　　2 比较不赞同　　　　3 一般
　　4 比较赞同　　　　　　5 非常赞同

19. 看完以上博客内容，我觉得心情舒畅。
　　1 非常不赞同　　　　　2 比较不赞同　　　　3 一般
　　4 比较赞同　　　　　　5 非常赞同

20. 看完以上博客内容，我感到郁闷。
　　1 非常不赞同　　　　　2 比较不赞同　　　　3 一般
　　4 比较赞同　　　　　　5 非常赞同

21. 看完以上博客内容，我感到失望。
　　1 非常不赞同　　　　　2 比较不赞同　　　　3 一般
　　4 比较赞同　　　　　　5 非常赞同

22. 看完以上博客内容，我感到生气。
　　1 非常不赞同　　　　　2 比较不赞同　　　　3 一般
　　4 比较赞同　　　　　　5 非常赞同

---

23. 以上博客描述的旅游地是一个不错的旅游目的地。
　　1 非常不赞同　　　　　2 比较不赞同　　　　3 一般
　　4 比较赞同　　　　　　5 非常赞同

24. 如果有旅游机会，我会将以上博客的描述对象作为旅游目的地。
    1 非常不赞同   2 比较不赞同   3 一般
    4 比较赞同   5 非常赞同

● **个人信息**

25. 您的性别：①男   ②女

26. 您的年龄：①20 岁及以下   ②21～30 岁   ③31～40 岁
             ④41～50 岁   ⑤51 岁及以上

27. 您的学历：①初中及以下   ②高中/中专   ③大专
             ④本科   ⑤研究生

28. 您的职业：①公务员   ②事业单位员工   ③企业员工
             ④教师   ⑤军人   ⑥自由职业者
             ⑦个体户/私营业主 ⑧退休人员   ⑨学生
             ⑩其他

参考文献

［1］ ABEL M H, ABEL M. The effects of a sales clerk's smile on consumer perceptions and behaviors ［J］. American journal of psychological research, 2007, 3 (1).

［2］ AGGARWAL R, GOPAL R, GUPTA A, et al. Putting money where the mouths are: the relation between venture financing and electronic word-of-mouth ［J］. Information systems research, 2012, 23 (3).

［3］ AVCI U, ASKAR P. The comparison of the opinions of the university students on the usage of blog and Wiki for their courses ［J］. Educational technology & society, 2012, 15 (2).

［4］ BAKER J R, MOORE S M. Distress, coping, and blogging: comparing new Myspace users by their intention to blog ［J］. Cyberpsychology & behavior, 2008, 11 (1).

［5］ BANERJEE M. Hidden emotions: Preschoolers' knowledge of appearance-reality and emotion display rules ［J］. Social cognition, 1997, 15 (2).

［6］ BARGER P B, GRANDEY A A. Service with a smile and encounter satisfaction: emotional contagion and appraisal mechanisms ［J］. Academy of management journal, 2006, 49 (6).

［7］ BECHT M C, VINGERHOETS A J J M. Crying and mood change: a cross-cultural study ［J］. Cognition & emotion, 2002, 16 (1).

［8］ BEI L T, CHEN E Y I, WIDDOWS R. Consumers' online information search behavior and the phenomenon of search vs. experience products ［J］. Journal of family and economic issues, 2004, 25 (4).

［9］ BEREZINA K, COBANOGLU C, MILLER B L, et al. The impact of information security breach on hotel guest perception of service quality, satisfaction, revisit intentions and word-of-mouth ［J］. International journal of contemporary hospitality management, 2012, 24 (7).

［10］ BISHOP M. Virtual teacher talk: blogging with and by pre-service teachers ［D］. Lindenwood University, 2010.

［11］ BROWN A J. Distinctly digital: subjectivity and recognition in teenage girls' online self-presentations ［D］. The Ohio State University, 2011.

［12］ BURNS D J, NEISNER L. Customer satisfaction in a retail setting: the contribution of emotion ［J］. International journal of retail & distribution management, 2006, 34 (1).

［13］ CALVO M G, LUNDQVIST D. Facial expressions of emotion (KDEF): Identification under different display-duration conditions ［J］. Behavior research methods, 2008, 40 (1).

［14］ CHARTRAND T L& BARGH J A. The chameleon effect: How the perception-behavior link facilitates social interaction ［J］. Journal of personality and social psychology, 1999, 76 (6) .

［15］ CHEN J S, CHING R, TSAI H T, et al. Blog effects on brand attitude and purchase intention ［A］ //5th International conference on service systems and service management ［C］. Melbourne, Australia, 2008.

［16］ CHEN Y B, XIE J H. Online consumer review: word-of-mouth as a news element of marketing communication mix ［J］. Management science, 2008, 54 (3).

［17］ CHEUNG C M K, LEE M K O. What drives consumers to spread electronic word of mouth in online consumer-opinion platforms ［J］. Decision support systems, 2012, 53 (1).

［18］ CHIANG I P, HSIEH C H. Exploring the impacts of blog marketing on consumers ［J］. Social behavior and personality, 2011, 39 (9).

［19］ CHU S C, KIM Y. Determinants of consumer engagement in electronic word-of-mouth (eWOM) in social networking sites ［J］. International journal of advertising, 2011, 30 (1).

［20］ COLE W D. An information diffusion approach for detecting emotional contagion in online social networks ［D］. Arizona State University, 2011.

［21］ CROTTS J C, MASON P R, DAVIS B. Measuring guest satisfaction and competitive position in the hospitality and tourism industry: an application of stance-shift analysis to travel blog narratives ［J］. Journal of travel research, 2009, 48 (2).

［22］CRUTZEN R, DE NOOIJER J, BROUWER W, et al. Effectiveness of online word of mouth on exposure to an Internet-delivered intervention ［J］. Psychology & health, 2009, 24 (6).

［23］DAI J. Deliberating in the Chinese blogosphere: a study on hotspot internet incidents ［D］. The University of Texas at Austin, 2011.

［24］DAVID A A, KUMAR V, GEORGE S D. Marketing research ［M］. Beijing: China Finance and Economy Press, 2004.

［25］DAVIS M H. A multidimensional approach to individual differences in empathy ［J］. JSAS Catalog of selected documents in psychology, 1980, 10.

［26］DING W Y, SONG Q Q. RSS-based service mechanism of the blog marketing ［A］//International symposium on electronic business and information system ［C］. Changsha, China, 2009.

［27］DOHERTY R W. The emotional contagion scale: a measure of individual differences ［J］. Journal of nonverbal behavior, 1997, 21 (2).

［28］DU J, FAN X, FENG T. Multiple emotional contagions in service encounters ［J］. Journal of the academy of marketing science, 2011, 39 (3).

［29］FRIEDMAN H S, MILLER-HERRINGER T. Nonverbal display of emotion in public and in private: self-monitoring, personality, and expressive cues ［J］. Journal of personality and social psychology, 1991, 61 (5).

［30］FULLWOOD C, SHEEHAN N, NICHOLLS W. Blog function revisited: a content analysis of myspace blogs ［J］. Cyberpsychology & behavior, 2009, 12 (6).

［31］FUNG R. Bringing the virtual community into action: A content analysis of Barack Obama's blog in the 2008 presidential campaign ［D］. Regent University, 2010.

［32］GARDNER L A. Gender bias as evidenced on political blogs in the 2008 presidential election ［D］. University of Arkansas at Little Rock, 2010.

［33］GARY A. User generated content: the use of blogs for tourism organisations and tourism consumers ［J］. Service business, 2009, 3 (1).

［34］GOKTAS Y, DEMIREL T. Blog-enhanced ICT courses: examining their effects on prospective teachers' ICT competencies and perceptions ［J］. Computers & education, 2012, 58 (3).

［35］GRAHAM J, HAVLENA W. Finding the "missing link": advertising's impact on word of mouth, web searches, and site visits [J]. Journal of advertising research, 2007, 47 (4).

[36] GROOTERS S. Lessons in social media fundraising: applying global tactics at a local level [D]. University of Southern California, 2011.

[37] GRUEN T W, OSMONBEKOV T, CZAPLEWSKI A J. Customer-to-customer exchange: its MOA antecedents and its impact on value creation and loyalty [J]. Journal of the academy of marketing science, 2007, 35 (4).

[38] GRUEN T W, OSMONBEKOV T, CZAPLEWSKI A J. eWOM: The impact of customer-to-customer online know-how exchange on customer value and loyalty [J]. Journal of business research, 2006, 59 (4).

[39] GU B, PARK J, KONANA P. The impact of external word-of-mouth sources on retailer sales of high-involvement products [J]. Information systems research, 2012, 23 (1).

[40] HAMPSON E, VAN ANDERS S M, MULLIN L I. A female advantage in the recognition of emotional facial expressions: test of an evolutionary hypothesis [J]. Evolution and human behavior, 2006, 27 (6).

[41] HAN H, RYU K. Key factors driving customers' word-of-mouth intentions in full-service restaurants: the moderating role of switching costs [J]. Cornell hospitality quarterly, 2012, 53 (2).

[42] HANK C F. Scholars and their blogs: characteristics, preferences, and perceptions impacting digital preservation [D]. University of North Carolina, 2011.

[43] HATFIELD E, CACIOPPO J T. Emotional contagion [M]. Cambridge university press, 1994.

[44] HENNING-THURAU T, GROTH M, PAUL M, et al. Are all smiles created equal? How emotional contagion and emotional labor affect service relationships [J]. Journal of marketing, 2006.

[45] HENNIG-THURAU T, GWINNER K P, WALSH G, et al. Electronic word-of-mouth via consumer-opinion platforms: what motivates consumers to articulate themselves on the Internet? [J]. Journal of interactive marketing, 2004, 18 (1).

[46] HEYES A, KAPUR S. Angry customers, e-word-of-mouth and incentives for quality provision [J]. Journal of economic behavior & organization,

2012, 84 (3).

　　[47] HOFFMAN M L. How automatic and representational is empathy, and why [J]. Behavioral and brain sciences, 2002, 25 (1).

　　[48] HSIEH C C, KUO P L, YANG S C, et al. Assessing blog-user satisfaction using the expectation and disconfirmation approach [J]. Computers in human behavior, 2010, 26 (6).

　　[49] HSU C L, LIN J C C. Acceptance of blog usage: the roles of technology acceptance, social influence and knowledge sharing motivation [J]. Information & management, 2008, 45 (1).

　　[50] HSU H Y. Study of factors influencing online auction customer loyalty, repurchase intention, and positive word of mouth: a case study of students from universities in Taipei, Taiwan [A] //3rd International conference on advances in information technology [C]. Bangkok, Thailand, 2009.

　　[51] HUANG C Y, CHOU C J, LIN P C. Involvement theory in constructing bloggers' intention to purchase travel products [J]. Tourism management, 2010, 31 (4).

　　[52] HUANG J, HSU C H C. The impact of customer-to-customer interaction on cruise experience and vacation satisfaction [J]. Journal of travel research, 2010, 49 (1).

　　[53] ISHINO A, NANBA H, TAKEZAWA T. Automatic compilation of an online travel portal from automatically extracted travel blog entries [A] //International conference on information and communication technologies in tourism [C]. Innsbruck, Austria, 2011.

　　[54] JALIVAND M R, SAMIEI N. The impact of electronic word of mouth on a tourism destination choice: testing the theory of planned behavior (TPB) [J]. Internet research, 2012, 22 (5).

　　[55] JEONG E H, JANG S C S. Restaurant experiences triggering positive electronic word-of-mouth (eWOM) motivations [J]. International journal of hospitality management, 2011, 30 (2).

　　[56] JI X F, ZHANG Y L. The impacts of online word-of-mouth on consumer's buying intention on apparel: an empirical study [A] //2nd International symposium on web information systems and applications [C]. Nanchang, China, 2009.

［57］ JIANG Y Z, MIAO M, CHEN W D. How do service employee's attitudes influence customer perception of service quality? ［C］ //service systems and service management, 2009. ICSSSM'09. 6th International Conference on. IEEE, 2009.

［58］ JUNG H S, YOON H H. The effects of nonverbal communication of employees in the family restaurant upon customers' emotional responses and customer satisfaction ［J］. International journal of hospitality management, 2011, 30 (3).

［59］ JUNG Y, SONG H, VORDERER P. Why do people post and read personal messages in public? The motivation of using personal blogs and its effects on users' loneliness, belonging, and well-being ［J］. Computers in human behavior, 2012, 28 (5).

［60］ KAISER H F. An index of factorial simplicity ［J］. Psychometrika, 1974, 39 (1).

［61］ KAYE B K, JOHNSON T J. Hot diggity blog: a cluster analysis examining motivations and other factors for why people judge different types of blogs as credible ［J］. Mass communication and society, 2011, 14 (2).

［62］ KEIKHA M, CRESTANI F. Linguistic aggregation methods in blog retrieval ［J］. Information processing & management, 2012, 48 (3).

［63］ KELLER P A, LIPKUS I M, RIMER B K. Affect, framing, and persuasion ［J］. Journal of marketing research, 2003, 40 (1).

［64］ KELLY J R, BARSADE S G. Mood and emotions in small groups and work teams ［J］. Organizational behavior and human decision processes, 2001, 86 (1).

［65］ KERR G, MORTIMERA K, DICKINSON S, et al. Buy, boycott or blog: exploring online consumer power to share, discuss and distribute controversial advertising messages ［J］. European journal of marketing, 2012, 46 (3-4).

［66］ KIFFIN-PETERSEN S, MURPHY S A, SOUTAR G. The problem-solving service worker: appraisal mechanisms and positive affective experiences during customer interactions ［J］. Human relations, 2012, 65 (9).

［67］ KIM E, YOON D J. Why does service with a smile make employees happy? A social interaction model ［J］. Journal of applied psychology, 2012,

97 (5).

［68］KIM T T, KIM W G, KIM H B. The effects of perceived justice on recovery satisfaction, trust, word-of-mouth, and revisit intention in upscale hotels ［J］. Tourism management, 2009, 30 (1).

［69］LEE J, LEE J N. Understanding the product information inference process in electronic word-of-mouth: An objectivity-subjectivity dichotomy perspective ［J］. Information & management, 2009, 46 (5).

［70］LEE M, YOUN S. Electronic word of mouth (eWOM): how eWOM platforms influence consumer product judgement ［J］. International journal of advertising, 2009, 28 (3).

［71］LEWIS K M. When leaders display emotion: how followers respond to negative emotional expression of male and female leaders ［J］. Journal of organizational behavior, 2000, 21 (2).

［72］LEWIS M D. Getting emotional: A neural perspective on emotion, intention, and consciousness ［J］. Journal of consciousness studies, 2005, 12 (8 – 10).

［73］LEWIS M. A hierarchical regression analysis of the relationship between blog reading, online political activity, and voting during the 2008 presidential campaign ［D］. University of North Texas, 2010.

［74］LI J, CHIGNELL M. Birds of a feather: How personality influences blog writing and reading ［J］. International journal of human-computer studies, 2010, 68 (9).

［75］LI Y M, CHEN C W. A synthetical approach for blog recommendation: combining trust, social relation, and semantic analysis ［J］. Expert systems with applications, 2009, 36 (3).

［76］LI Y M, LIN C H, LAI C Y. Identifying influential reviewers for word-of-mouth marketing ［J］. Electronic commerce research and applications, 2010, 9 (4).

［77］LI Y, LIANG Y S. Online word-of-mouth marketing strategy in hotel management ［A］ //Summit international marketing science and management technology conference ［C］. Tianjin, China, 2009.

［78］LIBAI B, BOLTON R, BÜGEL M S, et al. Customer-to-customer interactions: broadening the scope of word of mouth research ［J］. Journal of service research, 2010, 13 (3).

[79] LIN J H. College students' perceptions of credibility of blogs and traditional media as a function of their blog usage [D]. Michigan State University, 2008.

[80] LIN J S C, LIN C Y. What makes service employees and customers smile: Antecedents and consequences of the employees' affective delivery in the service encounter [J]. Journal of service management, 2011, 22 (2).

[81] LIN M Q, HUANG L S, CHIANG Y F. The moderating effects of gender roles on service emotional contagion [J]. The service industries journal, 2008, 28 (6).

[82] LITVIN S W, GOLDSMITH R E, PAN B. Electronic word-of-mouth in hospitality and tourism management [J]. Tourism management, 2008, 29 (3).

[83] LIU C L, LEE C H, DING B Y. Intelligent computer assisted blog writing system [J]. Expert systems with applications, 2012, 39 (4).

[84] LIU M M, ZHAO Y X, ZHAO D M. Study on internet word-of-mouth to information adoption [A]. //3rd International institute of statistics and management engineering symposium [C]. Weihai, China, 2010.

[85] LIU M, TAN J. Based on web 2.0 blog two kinds model of e-business [A]. //9th Wuhan international conference on e-business [C]. Wuhan, China, 2010.

[86] LONGART P. What drives word-of-mouth in restaurants? [J]. International journal of contemporary hospitality management, 2010, 22 (1).

[87] LU X H, FENG Y. Does Price matter for online word-of-mouth value-evidence from online restaurants' reviews [A]. //Proceedings of the 3rd international conference on risk management & Global e-business [C]. Incheon, South Korea, 2009, 1-2.

[88] LU X L, DAI B Y, WU X Z. Analyzing the effect of electronic word-of-mouth using partial least squares method [A]. //6th International conference on partial least squares and related Methods [C]. Beijing, China, 2009.

[89] MA J P, LI C Q, WANG X Y. Research on the motivation of personal using blog [A]. //8th Wuhan international conference on e-business

[C]. Wuhan, China, 2009.

[90] MACKINNON D P, WARSI G, DWYER J H. A simulation study of mediated effect measures [J]. Multivariate Behavioral Research, 1995, 30 (1).

[91] MAGNINI V P, CROTTS JOHN C, ZEHRER ANITA. Understanding customer delight: an application of travel blog analysis [J]. Journal of travel research, 2011, 50 (5).

[92] MAKHADMEH N M. A survey of the motivations for reading blogs by Jordanian university media and journalism students [D]. Arkansas State University, 2011.

[93] MANO H & OLIVER R L. Assessing the dimensionality and structure of the consumption experience: Evaluation, feeling and satisfaction [J]. Journal of consumer research, 1993, 20 (3) .

[94] MARTIN D, O'NEILL M, HUBBARD S, et al. The role of emotion in explaining consumer satisfaction and future behavioural intention [J]. Journal of services marketing, 2008, 22 (3).

[95] MASON J W. Blogging as a campaign tool: an analysis of the frames and design used on Barack Obama's official blog [D]. Oklahoma State University, 2011.

[96] MCCOLL-KENNEDY J R, SMITH A K. Customer emotions in service failure and recovery encounters [J]. Research on emotion in organizations, 2006, 2.

[97] MENZIE K A. Building online relationships: relationship marketing and social presence as foundations for a university library blog [D]. The University of Kansas, 2006.

[98] MEYERS E A. Gossip talk and online community: celebrity gossip blogs and their audiences [D]. University of Massachusetts Amherst, 2010.

[99] MOLINER V B. Word-of-mouth of dissatisfied customers: a segmentation approach in restaurants services [J]. Universia business review, 2012, (33).

[100] MOORE D J, HARRIS W D, CHEN H C. Affect intensity: an individual difference response to advertising appeals [J]. Journal of consumer research, 1995, 273 (8).

[101] MURPHY L, MASCARDO G, BENCKENDORFF P. Exploring word-of-mouth influences on travel decisions: friends and relatives vs. other travellers [J]. International journal of consumer studies, 2007, 31 (5).

[102] NELSON P. Advertising as information [J]. The Journal of political economy, 1974, 82 (4).

[103] NICHOLLS R. Customer-to-customer interaction (CCI): a cross-cultural perspective [J]. International journal of contemporary hospitality management, 2011, 23 (2).

[104] NICHOLLS R. New directions for customer-to-customer interaction research [J]. Journal of services marketing, 2010, 24 (1).

[105] OHARA K, FUJIMOTO Y, SHIINA T. Recommendation of little known good travel destinations using word-of-mouth information on the web. // Active media technology [M]. Springer Berlin Heidelberg, 2010.

[106] OKDIE B M. Blogging and self-disclosure: the role of anonymity, self-awareness, and perceived audience [D]. The University of Alabama, 2011.

[107] ORZAN M, ORZAN G. Success factors of blog marketing: an empirical investigation [A]. //13th International Business Information Management Association Conference [C]. Marrakech, Morocco, 2009.

[108] PAPATHANASSIS A. Guest-to-guest interaction on board cruise ships: exploring social dynamics and the role of situational factors [J]. Tourism management, 2012, 33 (5).

[109] PARKINSON B. Emotions are social [J]. British journal of psychology, 1996, 87 (4).

[110] PASUPATHI M. Age differences in response to conformity pressure for emotional and nonemotional material [J]. Psychology and aging, 1999, 14 (1).

[111] PHILLIPS W J, WOLFE K, HODUR N, et al. Tourist word of mouth and revisit intentions to rural tourism destinations: a case of North Dakota, USA [J]. International journal of tourism sesearch, 2013, 15 (1).

[112] PRICE L L, ARNOULD E J, DEIBLER S L. Consumers' emotional responses to service encounters: the influence of the service provider [J]. International journal of service industry management, 1995, 6 (3).

［113］PUGH S D. Service with a smile: emotional contagion in the service encounter ［J］. Academy of management journal, 2001, 44 (5).

［114］QIU L, LI D. Applying TAM in B2C e-commerce research: an extended model ［J］. Tsinghua science & technology, 2008, 13 (3).

［115］RAFAELI A, SUTTON R I. Busy stores and demanding customers: how do they affect the display of positive emotion? ［J］. Academy of management journal, 2000, 33 (3).

［116］ROGOZINSKI K. Interactions between service customers: managing on-site customer-to-customer interactions for service advantage: The Poznan University of economics publishing house ［J］. International journal of service industry management, 2007, 18 (1).

［117］RYU K, JANG S. Influence of restaurants' physical environments on emotion and behavioral intention ［J］. The service industries journal, 2008, 28 (8).

［118］SATHIANESAN G W, SANKARANARAYANAN S. Personalized semantic based blog retrieval ［J］. Journal of computer science and technology, 2012, 27 (3).

［119］SCHMITT B H, DUBE L, LECLERC F. Intrusions into waiting lines: does the queue constitute a social system? ［J］. Journal of personality and social psychology, 1992, 63 (5).

［120］SCHOEFER K, ENNEW C. The impact of perceived justice on consumers' emotional responses to service complaint experiences ［J］. Journal of services marketing, 2005, 19 (5).

［121］SCHOENEWOLF G. Emotional contagion: behavioral induction in individuals and groups ［J］. Modern psychoanalysis, 1990, 15.

［122］SHIH R C. Integrating blog and face-to-face instruction into an esp course: English for hospitality and tourism ［J］. Turkish online journal of educational technology, 2012, 11 (4).

［123］SHIRAHADA K, KOSAKA M. Evaluation method for service branding using word-of-mouth data ［J］. Electronics and communications in Japan, 2012, 95 (12).

［124］SHOUSE E. Feeling, emotion, affect ［J］. M/C journal, 2005, 8 (6).

[125] SIMPSON P M, SIGUAW J A. Destination word of mouth the role of traveler type, residents, and identity salience [J]. Journal of travel research, 2008, 47 (2).

[126] SÖDERLUND M, ROSENGREN S. Revisiting the smiling service worker and customer satisfaction [J]. International journal of service industry management, 2008, 19 (5).

[127] SOTIRIADIS M D, VAN ZYL C. Electronic word-of-mouth and online reviews in tourism services: the use of twitter by tourists [J]. Electronic commerce research, 2013, 13 (1).

[128] SUN L B, QU H. Is there any gender effect on the relationship between service quality and word-of-mouth? [J]. Journal of travel & tourism marketing, 2011, 28 (2).

[129] SUN Y F. A discussion on the relationship between enterpriser's blog marketing and enterprise brand image [A]. //International innovation design and management forum & design [C]. Tianjin, China, 2010.

[130] SUNDARAM D S, MITRA K, WEBSTER C. Word-of-mouth communications: a motivational analysis [J]. Advances in consumer research, 1998, 25 (1).

[131] TAKAO K, ASAKURA Y. Way of mining travelers' impression from blog pages about using behavior of Kansai airport [A]. //15th international conference of Hong Kong society for transportation studies [C]. Hong Kong, China, 2010.

[132] TAN H H, DER FOO M, KWEK M H. The effects of customer personality traits on the display of positive emotions [J]. Academy of management journal, 2004, 47 (2).

[133] TANG J T E, CHIANG C H. Integrating experiential value of blog use into the expectation-confirmation theory model [J]. Social behavior and personality, 2010, 38 (10).

[134] TOMBS A G, MCCOLL-KENNEDY J R. Third party customers infecting other customers for better or for worse [J]. Psychology & marketing, 2013, 30 (3).

[135] TOMSIC L P. Effectiveness of blog response strategies to minimize crisis effects [D]. University of Hawaii at Manoa, 2010.

［136］TSAI W C & HUANG Y M. Mechanisms linking employee affective delivery and customer behavioral intentions ［J］. Journal of applied psychology, 2002, 87 (5).

［137］TUSSYADIAH I P, FESENMAIER D R. Marketing places through first-person stories: an analysis of Pennsylvania road tripper blog ［J］. Journal of travel and tourism marketing, 2008, 25 (3 – 4).

［138］VERBEKE W. Individual differences in emotional contagion of salespersons: its effect on performance and burnout ［J］. Psychology & marketing, 1997.

［139］WANG E S T, TSAI B K, CHEN T L, et al. The influence of emotions displayed and personal selling on customer behaviour intention ［J］. Service industries journal, 2012, 32 (3).

［140］WANG H Y. Exploring the factors of gastronomy blogs influencing readers intention to taste ［J］. International journal of hospitality management, 2011, 30 (3).

［141］WASHBURN T M R. How can a university approach the construction of a blog space for use as a recruiting tool? ［D］. State University of New York Institute of Technology, 2006.

［142］WATSON D, CLARK L A, TELLEGEN A. Development and validation of brief measures of positive and negative affect: the PANAS scales ［J］. Journal of personality and social psychology, 1988, 54 (6).

［143］WEERKAMP W, DE RIJKE M. Credibility-inspired ranking for blog post retrieval ［J］. Information retrieval, 2012, 15 (3 – 4).

［144］WU C H J. The impact of customer-to-customer interaction and customer homogeneity on customer satisfaction in tourism service-the service encounter prospective ［J］. Tourism management, 2007, 28 (6).

［145］WU C H J. The influence of customer-to-customer interactions and role typology on customer reaction ［J］. The service industries journal, 2008, 28 (10).

［146］YANG S U, KANG M. Measuring blog engagement: Testing a four-dimensional scale ［J］. Public relations review, 2009, 35 (3).

［147］YE Q, LADW R, GU B, et al. The influence of user-generated content on traveler behavior: An empirical investigation on the effects of e-word-of-mouth to hotel online bookings ［J］. Computers in human behavior, 2011,

27（2）．

［148］ YOO J J，ARNOLD T J，FRANKWICK G L. Effects of positive customer-to-customer service interaction ［J］. Journal of business research，2012，65（9）．

［149］ YOON K，DOUCET L M. Attribution and negative emotion displays by service providers in problematic service interactions ［J］. Research on emotion in organizations，2006，2．

［150］ YUAN L S. Research into the method of blog marketing ［A］. // International forum of human resource strategy and development ［C］. Jinan，China，2009．

［151］ YUCEL I. How to make friends and influence people on the Internet：a dissertation on popular comments on blogs ［D］. The Pennsylvania State University，2011．

［152］ ZEHRER A，CROTTS J C，MAGNINI V P. The perceived usefulness of blog postings：an extension of the expectancy-disconfirmation paradigm ［J］. Tourism management，2011，32（1）．

［153］ ZELENSKI J M，LARSEN R J. The distribution of basic emotions in everyday life：a state and trait perspective from experience sampling data ［J］. Journal of research in personality，2000，34（2）．

［154］ ZHANG B B，GUAN X H，KHAN M J，et al. A time-varying propagation model of hot topic on BBS sites and blog networks ［J］. Information sciences，2012，187．

［155］ ZHANG K Z K，CHEUNG C M，LEE M. Online service switching behavior：the case of blog service providers ［J］. Journal of electronic commerce research，2012，13（3）．

［156］ ZHANG Z，YE Q，LAW R，et al. The impact of e-word-of-mouth on the online popularity of restaurants：a comparison of consumer reviews and editor reviews ［J］. International journal of hospitality management，2010，29（4）．

［157］ 白凯，郭生伟. 入境游客情绪体验对忠诚度的影响研究：以西安回坊伊斯兰传统社区为例 ［J］. 旅游学刊，2010（12）．

［158］ 曹花蕊，杨铠. 旅游消费中游客流畅体验的结构与影响机制 ［J］. 消费经济，2013，29（4）．

［159］ 柴海燕. 旅游目的地网络口碑传播研究 ［D］. 武汉：武汉大

学，2011.

　　[160] 陈才，李兆元，刘心怡. 大连旅游意象研究：基于博客游记的探讨 [J]. 旅游论坛，2010，3（3）.

　　[161] 陈才. 意象·凝视·认同——对旅游博客中有关大连旅游体验的质性研究 [D]. 大连：东北财经大学，2009.

　　[162] 陈国秀，亢成业，白益彪. 国内大学图书馆博客服务现状调查与分析 [J]. 图书情报工作，2012，56（17）.

　　[163] 陈伟霞，李舒新. 基于网络博客的田子坊旅游凝视研究 [J]. 乐山师范学院学报，2011，26（12）.

　　[164] 成达建. 管理研究中的情绪感染个体差异及其测量探析 [J]. 科技管理研究，2010，30（12）.

　　[165] 成达建. 员工工作满意对顾客感知服务质量影响中的调节效应研究 [D]. 广州：暨南大学，2011.

　　[166] 程霞，单芳. 旅游网站特性对潜在游客行为意向的影响 [J]. 四川师范大学学报（社会科学版），2011，38（1）.

　　[167] 程秀芳. 虚拟社区网络口碑对消费者决策行为影响研究 [D]. 徐州：中国矿业大学，2011.

　　[168] 杜慧. 负面网络口碑对消费者购买决策的影响研究 [D]. 武汉：武汉科技大学，2010.

　　[169] 杜建刚，范秀成. 服务补救中情绪对补救后顾客满意和行为的影响——基于情绪感染视角的研究 [J]. 管理世界，2007（8）.

　　[170] 杜建刚，范秀成. 服务消费中多次情绪感染对消费者负面情绪的动态影响机制 [J]. 心理学报，2009，41（4）.

　　[171] 冯捷蕴. 北京旅游目的地形象的感知：中西方旅游者博客的多维话语分析 [J]. 旅游学刊，2011，26（9）.

　　[172] 付琛. 网络口碑对消费决策的影响机制研究 [D]. 杭州：浙江大学，2009.

　　[173] 傅俏俏，温忠麟. 情绪感染研究综述 [C]. 中国心理学会成立90周年纪念大会暨第十四届全国心理学学术会议. 2011.

　　[174] 甘伦知. 虚拟变量回归与方差分析的联系 [J]. 统计与决策，2011（8）.

　　[175] 郜利静. 基于说服理论的网络口碑研究——以 B2C 商城用户讨论区为例 [D]. 上海：上海交通大学，2011.

[176] 耿黎辉. 产品消费情绪与购后行为关系的实证研究 [J]. 数理统计与管理, 2008, 27 (1).

[177] 龚金红. 旅行社服务不诚信行为对顾客信任的影响研究 [D]. 广州：中山大学, 2013.

[178] 侯如靖, 张初兵, 易牧农. 服务补救情境下在线消费者后悔对行为意向的影响——基于关系质量的调节 [J]. 经济管理, 2012 (9).

[179] 胡敏. 博客写作的双重心理救赎 [J]. 阜阳师范学院学报（社会科学版）, 2010 (3).

[180] 金立印. 服务接触中的员工沟通行为与顾客响应——情绪感染视角下的实证研究 [J]. 经济管理, 2008, 30 (18).

[181] 赖胜强, 唐雪梅, 朱敏. 网络口碑对游客旅游目的地选择的影响研究 [J]. 管理评论, 2011, 23 (6).

[182] 赖胜强. 基于 SOR 模式的口碑效应研究 [D]. 成都：西南财经大学, 2010.

[183] 李健. 网络口碑对网络消费者信任影响研究 [D]. 济南：山东大学, 2009.

[184] 李祗辉, 韩真洙. 基于博客游记的韩国游客华东地区游后评价探析——以上海、杭州、苏州、黄山为旅游目的地的分析 [J]. 江苏商论, 2012 (2).

[185] 林巧, 戴维奇. 旅游目的地网络口碑信任度影响因素研究 [J]. 北京第二外国语学院学报, 2008, 159 (7).

[186] 刘力, 陈金成, 朴根秀, 等. 感知购物环境对旅游者购物行为的影响机制研究——旅游者购物情绪的媒介作用 [J]. 旅游学刊, 2010 (4).

[187] 刘力. 旅游目的地形象感知与游客旅游意向——基于影视旅游视角的综合研究 [J]. 旅游学刊, 2013, 28 (9).

[188] 刘丽芳. 微博客的传播特征与传播效果研究 [D]. 杭州：浙江大学, 2010.

[189] 刘晓华, 许启发. 方差分析与虚拟变量回归模型的比较研究 [J]. 统计与决策, 2012 (7).

[190] 刘燕霞. 旅游者情绪与认知的可控性研究 [J]. 天津市工会管理干部学院学报, 2004, 12 (1).

[191] 鲁守利. 顾客负面情绪对企业员工满意度的影响研究——以顾

客负面情绪来源、企业对员工支持度为调节变量［D］. 广州：暨南大学，2011.

　　［192］马庆国，王凯，舒良超. 积极情绪对用户信息技术采纳意向影响的实验研究——以电子商务推荐系统为例［J］. 科学学研究，2009，27（10）.

　　［193］孟昭兰，邓惠. 爆发怒与潜在怒及其认知操作中的功能［J］. 心理学报，2000，32（1）.

　　［194］庞芳. 服务补救情形下顾客的重购意向——基于情绪感染和文化因素视角的研究［J］. 东方企业文化，2013，13.

　　［195］邱扶东，吴明证. 认知方式与消极情绪对旅游决策影响的实验研究［J］. 心理科学杂志，2005，28（5）.

　　［196］沈鹏熠. 商店环境刺激对消费者信任及购买意愿的影响研究——情绪反应的视角［J］. 统计与信息论坛，2011，26（7）.

　　［197］隋岩，李燕. 论群体传播时代个人情绪的社会化传播［J］. 现代传播，2012（12）.

　　［198］汪婷，陆林. 基于博客的旅游研究信息的提取与分析［J］. 旅游论坛，2010，3（4）.

　　［199］汪兴东，景奉杰，涂铭. 产品伤害中不同忠诚度顾客情绪反应及行为意向的差异性研究［J］. 管理评论，2013，25（1）.

　　［200］王贵斌. 网络口碑对游客旅游决策的影响研究［J］. 安徽师范大学学报（自然科学版），2012，35（3）.

　　［201］王乐鹏，姚明广，王奕俊. 论旅游企业的社区网络营销［J］. 商业经济，2011（5）.

　　［202］王乐鹏，姚明广，王奕俊. 旅游企业博客营销的策略研究［J］. 内蒙古科技与经济，2011（13）.

　　［203］温忠麟，侯杰泰，张雷. 调节效应和中介效应的比较和应用［J］. 心理学报，2005，37（2）.

　　［204］温忠麟，张雷，侯杰泰，等. 中介效应检验程序及其应用［J］. 心理学报，2004，36（5）.

　　［205］文连阳，李灿. 旅游意向市场特征研究：一个人口学的角度［J］. 长沙铁道学院学报（社会科学版），2010，11（1）.

　　［206］吴雪飞. 旅游目的地形象、网络口碑与顾客忠诚的关系［J］. 沈阳师范大学学报（社会科学版），2010，34（4）.

　　［207］熊伟，王从从. 基于游客体验的旅游博客功能研究［J］. 旅游

论坛，2012，5（1）.

[208] 许莹. 网络群体传播中反向社会情绪的放大效应及其疏导 [J]. 中州学刊，2013（6）.

[209] 许玉. 基于微博的网络口碑研究 [D]. 南京：南京大学，2011.

[210] 杨杰，胡平，苑炳慧. 熟悉度对旅游形象感知行为影响研究——以重庆市民对上海旅游形象感知为例 [J]. 旅游学刊，2009（4）.

[211] 杨锴. 服务员工能够激发顾客的积极情绪吗？——情绪感染理论及其在服务营销领域的应用 [J]. 生产力研究，2011（1）.

[212] 易婷婷. 顾客感知服务公平性对顾客满意感的影响 [D]. 广州：中山大学，2006.

[213] 银成钺. 服务接触中的情绪感染对消费者感知服务质量的影响研究 [J]. 软科学，2011，25（11）.

[214] 于强，陈玲玲. 城市居民森林生态旅游意向及行为倾向调查——以南京市中山陵景区为例 [J]. 安徽农业科学，2011，39（5）.

[215] 于尚艳. 情绪对网店顾客绑定策略与冲动性购买的中介作用探析 [J]. 东北师大学报（哲学社会科学版），2013（4）.

[216] 袁亚忠. 酒店服务质量与顾客忠诚——基于消费者行为和决策的实证研究 [M]. 北京：经济科学出版社，2012.

[217] 张初兵，侯如靖，易枚农. 网购服务补救后感知公平、情绪与行为意向的关系 [J]. 山西大学学报，2014（1）.

[218] 张雷，娄成武. "政治博客"的发展现状及其未来趋势 [J]. 中山大学学报（社会科学版），2006，46（4）.

[219] 张赛，徐恪，李海涛. 微博类社交网络中信息传播的测量与分析 [J]. 西安交通大学学报，2013，47（2）.

[220] 张淑珺. 情绪感染对"3RS＋4PS"服务营销组合的影响研究 [J]. 中国商贸，2012（25）.

[221] 张维亚，陶卓民. 基于认知——情绪理论的旅游消费者满意度研究 [J]. 消费经济，2012（5）.

[222] 张卫卫，王晓云. 基于弱连带优势的旅游博客营销初探 [J]. 旅游学刊，2008，23（6）.

[223] 张文，顿雪霏. 探讨大陆游客对台湾旅游目的地形象的感知——基于网上游记的内容分析 [J]. 北京第二外国语学院学报，2010，187（11）.

［224］张永，王芳，张译军. 结构特征和内容分析融合的博客文章分类［J］. 计算机工程与运用，2011（8）.

［225］赵延昇，王永. 关系类型对顾客感知损失，情绪和行为意向的影响——来自餐饮业的实证研究［J］. 大连理工大学学报（社会科学版），2012（1）.

［226］祝亚平，杨文琪. 旅游者对世界文化遗产地殷墟的形象感知——基于旅游者博客的分析［J］. 中国商贸，2012（17）.